Dieser Band verdankt sein Erscheinen dem
Institut für Angewandte Sprache, Hamburg

Materialien der Hans Domizlaff-Arbeitsstelle
am Institut für Soziologie, Universität Hamburg,
geleitet von Prof. Dr. Alexander Deichsel

Herausgeber: Dr. Klaus Brandmeyer

KLAUS BRANDMEYER

Unterwegs in Sachen Marke

Aufsätze & Vorträge zur Markenführung

MARKETING JOURNAL
HAMBURG

Titelgestaltung: Marion Lange, TEAM/BBDO, Hamburg
Computer Aided Publishing: Thomas Ahrens, Hamburg
Druck: Holzmann Druck, Bad Wörishofen
Printed in Germany

ISBN 3-922 938-20-5

Vorbemerkung

Unsere Studenten am Institut für Soziologie sind es vor allem gewesen, die Alexander Deichsel und mich bewogen haben, Materialien für unsere gemeinsam betriebene Gedankenfabrik zu veröffentlichen. Die Wissenschaft braucht Gedrucktes und nicht nur Gesagtes, um sich mit eigenen Überlegungen daran zu reiben und zu bilden.

Als erster in dieser Reihe habe ich Aufsätze, Glossen und Vorträge aus den Jahren 1978 bis heute zusammengestellt, sie nach ihrem Erscheinungsjahr geordnet, einiges geringfügig überarbeitet, im ganzen aber den situativen Duktus bewahrend. Insbesondere den Vorträgen wird man anmerken, daß sie ohne Manuskript gehalten wurden.

Der Leser möge sich an einigen Wiederholungen und Überschneidungen nicht allzusehr stören. Sie sind kaum vermeidbar, wenn sich vor verschiedenem Publikum Gedachtes suchend an einer Grundlinie entlang bewegt.

Hans Domizlaff nachfolgend geht es in diesem Buch um die Marke; Ferdinand Tönnies nachdenkend um das Soziale; und es geht um unsere Sprache, soweit sie in der Werbung (noch) gebraucht wird.

Klaus Brandmeyer

Inhalt

Der Schatten des Cato

Ein klassisches Angebot an uns Texter

Die Gestaltung von Sprache kommt in der Ausbildung zukünftiger Werbekreativer allemal zu kurz. Sprache gilt offensichtlich als ein Stoff, der sich einer einigermaßen faßlichen Gestaltungslehre entzieht. Die Tatsache, daß aber »ein jeder, weil er spricht, glaubt, auch über die Sprache sprechen zu können« (Goethe), sorgt dafür, daß dennoch immer wieder sog. Texter nachwachsen, und ein jeder Auftraggeber, wenn nicht über Bild oder Typographie, doch über die Copy ein Wörtchen zu sagen vermag.

Die niedrige Wertung sprachlicher Kunstfertigkeit und zweckorientierter Texte hat Tradition. Wenn auch keine lange. Denn praktisch brach erst die Goethezeit mit einer zweitausendjährigen europäischen Textgestaltungslehre, die sich Rhetorik nannte und ursprünglich für den »angewandten Text«, die Gerichtsrede, entwickelt worden war. In ihr liegt bis heute ein Arsenal an Formen bereit, das zwar kaum überschaubar, aber im Unterschied zur heute weit verbreiteten »Theorie verbaler Kommunikation« in jedem Detail recht gut verständlich ist. Wer sich hier etwa über das Prinzip der Wiederholung und dessen Spielarten und Probleme unterrichtet, wird sich gut angeleitet und bei den Alten auch manch schönes Beispiel finden. Der alte Cato, mit seinem Slogan am Ende jeder Rede, hat durch Wiederholung eben tatsächlich das politische Bewußtsein der Römer penetriert und eine Einstellungsänderung in seinem Sinne erreicht. »Ceterum censeo Carthaginem esse delendam.« Er war ein guter Rhetoriker. Karthago wurde zerstört. Der Slogan sorgt bis heute für die Bekanntheit beider. Eineinhalb Jahrtausende später ließ Shakespeare seinen Marc Anton mit den rhetorischen Figuren der penetranten Wiederholung und der Ironie ein vergleichbares Kunststück fertigbringen: »Brutus ist ein ehrenwerter Mann.« Und Brutus hat's nicht überlebt.

Unter den Figuren, die einen besonders kreativen Umgang mit der Sprache auf semantischer Ebene verlangen, und mit deren Hilfe ein Könner komplexe emotionale Wirkung zu erzielen vermag, ist die Metapher vorrangig. Nach der Definition des Aristoteles: In einen Satz ein Wort einbauen, das aus einem völlig anderen Sinnbereich stammt und hier also »fremd« ist. A. Koestler nennt das in seinem Buch »Der göttliche Funke« Bisoziation, das Verbinden von scheinbar nicht zusammengehörenden Elementen aus verschiedenen Bezugssystemen zu einer einheitlichen, neuen Vorstellung. Die Metapher ist eine bewußte, eigenständige Abweichung vom gültigen, klischierten System der Wortbedeutungen, zuförderst also eine mehr oder weniger kräftige semantische Störung, die per se Aufmerksamkeit (Impact) erregt, aber eben auch ein kommunikatives Risiko birgt. Der tiefere Sinn des uneigentlich gebrauchten Wortes könne dem sprachlich unflexiblen Verbraucher nicht sofort klar werden, fürchtet der Ängstliche und ersetzt die Metapher flugs wieder durch das gebräuchliche, garantiert jedem verständliche Wort. Unbeherzigt bleibt Karl Kraus, der uns ins Stammbuch schrieb: »Was leicht ins Ohr geht, geht leicht hinaus. Das gilt vom Schreiben noch mehr als vom Musik machen.«

Neben den Wiederholungsfiguren und der Metapher ist als drittes Übungsfeld die Stilfigur der Interpretatio anzusehen. Von unserem heutigen analytischen Begriff der Interpretation ziemlich weit entfernt, fordert sie als rhetorische Kunstfigur die Wiederholung eines gegebenen Inhalts, ohne daß Wörter dieses »Briefings« wiederholt werden. Zweck der Übung war schon damals, an Blumigkeit, an Bildhaftigkeit zu gewinnen. Mochte das Thema, der Grundgehalt, ruhig vorgegeben sein, die eigene Kunstfertigkeit bewies sich an der gekonnten, wirkungsreichen Ausgestaltung. Unsere Barockpoeten, die einer zur Dichterlehre umgewandelten Rhetorik folgten, sind ein beredtes Zeugnis für die Wirkung des dahinterstehenden Künstlerbegriffs. Ihr Schöpfertum wurde nicht am subjektiven Erlebnisgehalt eines Liebesgedichts gemessen, sondern an der artistischen Bewältigung des Themas und den erzielten Wirkungen. Erst die Stürmer und Dränger, allen voran der jugendliche Goethe, haben dann mit jenen »Herren«, die der Selbstverwirklichung des Subjektiven die objektive Form entgegenhielten, nachhaltig gebrochen.

Unsere Sprach-Kreativen in den Agenturen, denke ich, hielten es besser mit den vorgoethischen Artisten.

Mehr Sprache wagen
Eine Anmerkung zur Buch-Werbung

Wer sich heute Anzeigenwerbung für Bücher anschaut, auf ihre graphische Gestaltung und besonders auf ihre Texte achtet, der mag den Bucherverlegern, den Buchwerbeleitern, den Buchhändlern kaum noch glauben, die Ware »Buch« sei etwas ganz Besonderes und dem »Waschmittel« durchaus nicht vergleichbar.

Unvergleichliches weht uns da nämlich nicht an. Allzuweit bleibt die Buchwerbung hinter den vermeintlichen und tatsächlichen Ansprüchen des Produkts zurück. Ungenutzt bleibt die Chance, sich werbend einer Zielgruppe zu nähern, die unbestreitbar des Lesens mächtig und mehr als alle anderen Konsumentengruppen geneigt ist, sich durch gestaltete Sprache, durch das gedruckte Wort informieren, animieren und verführen zu lassen. Sie läßt sich anlocken durch Buchtitel, die mit allen Mitteln der Poesie, der Verfremdung, der Provokation spielen, (»Denn der Wind kann nicht lesen« – »Und Jimmy ging zum Regenbogen« – »Liebe ist nur ein Wort«). Und sie ist bereit, sich anschließend durch einen 500 Seiten langen literarischen Text hindurchzulesen, um zu lachen, zu weinen, mitzuleiden.

Diese Zielgruppe unter ihrem Anspruchsniveau zu umwerben, heißt Verführungsmöglichkeiten und Verkaufschancen auszulassen.

Eine Blütenlese aus Buchanzeigen des Jahres 1981 möge zeigen, welche Schlagzeilen-Qualität gemeint ist:

- Die Spitzentitel
- Neue Spitzentitel
- Spitzentitel
- Das Spitzenprogramm
- Die neuen Favoriten
- Der Tatsachen-Thriller des Jahres
- Super-Bestseller des Jahres.

Schön reißerisch, doch weder verführerisch noch informierend. Ganz abgesehen davon, daß die Schlagzeilen austauschbar werden. Und das trotz der Unterschiedlichkeit der angebotenen Produkte.

Oberflächlich und austauschbar bleiben Anzeigen auch dort, wo statt mit dem Verlegerstolz, mit einem in der Buchwerbung sich ausbreitenden »Dreifach-Nutzen« für den geneigten Leser geworben wird:

- Dreimal meisterhafte Unterhaltung
- Die neuen Romane: spannend, unterhaltsam und informativ
- Action, Spannung, Unterhaltung
- Die Lesefreuden: faszinierend, spannend, informativ.

Und sprachlos ist man schließlich, wenn einer Werbe-Anzeige als Text nichts anderes mehr einfällt, als den Titel des Buches zu wiederholen. Das plötzliche Verstummen des Texters vor seiner Aufgabe. Schlagzeilen für Buchanzeigen können und sollten mehr sein. Sie dürfen die Mittel raffinierter Rhetorik oder poetischer Gestaltung extensiv nutzen, weil ihre Zielgruppe so ziemlich alles versteht, was in deutscher Sprache daherkommt.

Schlagzeilen für Bücher dürfen einmalig und einzigartig sein, weil sie für den Tag gemacht sind und nicht den Ewigkeitswert eines Konsumgüter-Slogans beanspruchen müssen. Sie zu schreiben, setzt allerdings die Kenntnis des einzelnen Produktes voraus. Und daran mag es manchmal hapern bei der unübersehbaren Menge, die ein einzelner Werbeleiter zu bewerben hat. Da geht es einem Produktmanager, der eine einzige Zigarettenmarke betreut, erheblich besser. – Soviel zur Aufgabe »Verführung durch Sprache«.

Eine andere Aufgabe, die sich angesichts der Zielgruppe stellt, ist das Übermitteln ausreichender Informationen über den Inhalt des Produkts. Der Rückzug auf einen lobpreisenden Kritiker-Satz oder auf die reine Bibliographie ist sträflich. Und Platzmangel in den seltensten Fällen eine Entschuldigung. Zeitmangel ist es wohl eher.

Man bedenke die Zielgruppe: Hohe Bereitschaft, Kleingedrucktes zu lesen, wenn es um Bücher geht; und Angewiesensein auf solche Informationen, weil jedes Buchprodukt neu und anders ist. Ganz im Gegensatz zu Persil, das immer bleibt, was es ist, und kaum noch etwas über sich mitteilen muß.

Der Informationsbedarf ist übrigens dann besonders groß, wenn es um die Heerschar der Geschenk-Käufer geht. Denn diese Kunden wollen sich noch weniger in ein unbekanntes Leseabenteuer stürzen. Sie suchen vielmehr die Gewißheit, daß ihr Geschenk zum Beschenkten paßt. Mit dürftigen Texten aber ist diese Sicherheit kaum zu vermitteln.

Im qualitativen und quantitativen Sinne »mehr Sprache« zu wagen in der Buchwerbung, ist vor dem geschilderten Hintergrund also kein riskantes Unterfangen, sondern die einzige und beste Chance, die sog. Zielperson positiv zu reizen, ihre Neugierde zu wecken und ihre Kaufentscheidung zu programmieren.

»Wenn ihr's nicht fühlt, ihr werdet's nicht erjagen«

Über den Umgang mit der Massenpsyche

Schon immer ist der gut gemachte Markenartikel auch ein emotionales Angebot. Indem er ein Vertrauen in seine Produkteigenschaften einflößt, das der ständigen rationalen Überprüfung kaum mehr bedarf und den Käufer zunehmend sogar gegen sachlich begründete Anfechtungen immunisieren kann; wodurch eine in Bereiche der Innerlichkeit und des Glaubens hineinragende Bedeutung der Marke entsteht, die Domizlaff zutreffend mit dem Begriff »Fetisch« belegt.

Heute verdient die emotionale Seite des Markenartikels mehr Beachtung denn je. Erstens weil die Chancen, Produkte einer Kategorie über sachliche Argumente zu differenzieren, immer seltener werden, und damit der Zwang zunimmt, solche Produkte zusätzlich über eigene Gefühlsangebote für den Verbraucher zu profilieren. Zweitens weil solche »käuflichen« Emotionen möglicherweise die letzte Reserve sind, die der Markenartikel gegen die weißen und gelben, bewußt »gefühllosen« Produkte ins Feld führen kann.

Sich dieser Lagebeurteilung anzuschließen heißt: Emotionen als Teil von Positionierungsstrategien, als essentielle Bestandteile von Produktangeboten begreifen und sich noch weit vor der kreativen Umsetzung damit befassen.

Wer sich dieser Aufgabe unterziehen, das weite Feld der Gefühle also analysieren und den Markt der Herzen segmentieren will, dürfte in einer Bildermethode, wie sie für die HÖRZU-Untersuchung »Leseklima« angewendet wurde, wertvolle Hilfestellung finden. Denn so wie hier für Zeitschriften Gefühlswertigkeiten ermittelt wurden, müßten diese auch für klassische Markenartikel zu erfassen und zu messen sein.

So sehr ich aber von der Notwendigkeit überzeugt bin, mich

als Markenartikler mit Emotionen zu befassen, so sehr bezweifle ich, ob wir als Werbe- und Marketing-Manager genügend geeignet und vorbereitet sind, mit Gefühlen richtig umzugehen; mit unseren eigenen Gefühlen, noch mehr aber mit den Gefühlen der »Masse Mensch«, die wir uns so gern als »Zielgruppe« vorstellen.

Die Ausbildung, die wir genossen haben, und die Erziehung, die hinter uns liegt, haben uns im Grunde wenig Hilfe in diesem Punkt mitgegeben. Wir sind in einer Zeit groß geworden, in der eine zunehmende Verstandesgläubigkeit vorherrschte, in der wir von der rationalistischen Machbarkeit aller Dinge überzeugt worden sind, und in den Schulen, Hochschulen und Universitäten einer zweiten Aufklärung das Wort geredet wurde. Die Gefühlserziehung blieb dabei auf der Strecke. Das Erlernen der Liebe im Sinne Erich Fromms verkümmerte zum Sexualkunde-Unterricht und Alexander Mitscherlich konnte uns ohne weiteres die »Unfähigkeit zu Trauern« bescheinigen.

Eine solche allgemein zu beobachtende Gefühlsstarre, die sich durch eine zunehmende Bindungslosigkeit in anderen sozialen Bereichen noch weiter verschärft, wird unglücklicherweise durch das berufliche Milieu, in das wir alle meist schon in sehr jungen Jahren hineingeraten, nicht kompensiert. Im Gegenteil, wir rutschen als Angehörige unseres Berufes schneller als wir es merken unter eine Art Glasglocke, aus der heraus wir die Außenwelt, die vielen Menschen zwar noch sehen und deshalb das Gefühl haben, wir hätten noch lebendigen Kontakt zu ihr; im Grunde genommen findet aber kein Austausch von Strömungen, insbesondere von emotionalen Strömungen, mehr statt.

Schneller als wir es ahnen, ist die Nabelschnur zur »Masse« durchtrennt, zumal wir uns nicht nur während unserer Arbeitszeit, sondern auch in unserem Privatleben auf einen Erfahrungsraum zurückziehen, der durch Leute gleicher Machart bestimmt ist. Vorherrschend ist eine inzüchtige Empirie, in der wir das Gespräch mit einer Putzfrau fast schon als Beglückung empfinden.

Wie gefährlich diese Distanz zur Menge der Anderen und zu

ihrer Gefühlswelt für Leute sein kann, die es auf Beeinflussung der Menschen durch Kommunikation abgesehen haben, hat der wissenschaftsgläubige Famulus des Dr. Faustus, der eifrige Wagner, seinem Herrn kurz vor dem gemeinsamen Osterspaziergang geklagt:

Ach! Wenn man so in sein Museum gebannt ist,
Und sieht die Welt kaum einen Feiertag,
Kaum durch ein Fernglas, nur von weitem,
Wie soll man sie durch Überredung leiten?

Gewiß, die hier von Goethe beschriebene Distanz muß sein. Manipulateurekönnen nicht Teil der von ihnen manipulierten Masse sein. Sie müssen irgendwo draußen stehen. Jedoch enthält diese Trennung, die wir brauchen, um unser Geschäft richtig zu besorgen, eine dialektische Implikation, die Paul W. Meyer einmal als eine aus der notwendigen Distanz resultierende Aufgabe formuliert hat:

»Obwohl, oder gerade weil der Markentechniker der Masse nicht angehört, muß er die Masse, mit der er zu tun hat, in ihrem ganzen Wesen verstehen.«

Ich habe den Eindruck, daß wir uns mit einer solchen Forderung ziemlich schwertun. Allzu gern nehmen wir den elitären Anspruch, der in dieser Aussage enthalten ist, für uns an und realisieren ihn durch unseren Lebensstil; vergessen aber den zweiten Teil des Satzes. Mit welcher Nachlässigkeit betrachten wir die Erfolge eines Peter Alexander, mit wieviel Geringschätzung begegnen wir einer Maria Hellwig, mit wieviel Ignoranz strafen wir einen Ernst Mosch und seine Egerländer; Menschen, die einen ungeheuer sicheren Instinkt für das haben, was eine Menschenmasse zum Schwingen bringt; die vom ersten Augenblick ihres Auftretens an auf der richtigen Frequenz senden und Millionen von Menschen anrühren und Freude bereiten.

Wie wenig sind wir uns der Tatsache bewußt, daß in der Bundesrepublik Deutschland Monat für Monat elf Millionen Romanhefte nicht nur gelesen, sondern verschlungen werden.

Und wie wenig wissen wir über den Inhalt dieser Hefte. Wie wenig wissen wir vor allen Dingen über jenes junge Mädchen, das da in der U-Bahn sitzt und acht Haltestellen lang einen Frauenarzt-Roman in sich hineinfrißt. Was geht in diesen Minuten eigentlich in ihr vor, womit identifiziert sie sich da?

Im Bewußtsein dieses Unwissens bedienen wir uns seit langem eines Instruments, um unsere persönliche Entfernung von der Masse Mensch zu kompensieren – der Marktforschung. Ich vermute aber, daß unsere Marktforscher damit überfordert sind und auch künftig überfordert bleiben werden. Denn auch in der Marktforschung sind doch zunächst einmal Menschen tätig wie wir, rational erzogen, zu Verstandes-Gläubigen und systemgerechten Zahlenjongleuren umgearbeitet, die uns statistische Größen, eine Familie mit 1,4 Kindern präsentieren – Mittelwerte, die keiner anfassen und unter denen sich kaum einer etwas vorstellen kann.

Nur ganz selten dringen unsere Marktforscher wirklich in die Herzen der Menschen, der »Verbraucher«, wie sie sagen, vor, tun sich dann aber schwer, uns das dabei Erfahrene mitzuteilen. Diese Schwierigkeit hängt auch mit dem Zwang zusammen, alle Erfahrungen über Zielpersonen in Worte zu fassen. Denn die Worte können nun mal nur schwer ausdrücken, was ein Mensch fühlt. Insofern liegt das Problem auch nicht nur bei uns und den Marktforschern, sondern natürlich auch bei den befragten Menschen, die sich nicht artikulieren können, wenn es um ihre Emotionen geht. Der Verbalisierungszwang auf beiden Seiten verstellt den Zugang zu den Gefühlswirklichkeiten.

Kein Zufall ist es vielleicht, daß ein Buch, das 94 (vierundneunzig) Wochen lang auf der Bestseller-Liste des SPIEGEL ganz oben stand, »Die unendliche Geschichte« von Michael Ende, mit einer nahezu programmatischen Erklärung genau zu diesem für uns sehr aktuellen Problem beginnt:

»Es ist eine rätselhafte Sache um die menschlichen Leidenschaften. Diejenigen, die davon befallen werden, können sie nicht erklären. Und diejenigen, die nichts dergleichen erlebt haben, können sie nicht begreifen.«

Sich durch Bilder zu verständigen, ist kein ungeschickter Ausweg. Ich glaube, daß einer der besonderen Vorzüge der Methode, die in der Untersuchung »Leseklima« angewendet wurde, tatsächlich darin besteht, daß sie eben auf Wörter verzichtet, wenn es um Gefühle geht.

Aber stellen wir uns einmal vor, es gelänge einem Produkt-Manager oder einem Etat-Director mittels einer solchen »Bilder-Hilfe«, eine spezifische Emotion für sein Produkt zu finden und diese Gefühlsposition zum Bestandteil seiner Produkt-Strategie zu machen. Und er würde, weil er bewußt nicht verbalisieren will, mit dem Bild einer Wassermühle unter dem Arm zu seinem Marketing-Direktor oder seinem Agentur-Geschäftsführer gehen und ihm erklären, dies sei das Gefühl, das er dem Verbraucher beim Kauf und Gebrauch der Marke vermitteln wolle.

Wenn nicht der Marketing-Direktor, dann würde spätestens der Marketing-Vorstand ihn entgeistert anschauen und ihm klarmachen, daß es doch um »Kugelschreiber« gehe und nicht um Wassermühlen. Was nur meint, daß in den Verabschiedungs-Stufen unserer Hierachien irgendwann ein solches Bild verschwinden und ersetzt würde durch Wörter mit dürftigem emotionalen Gehalt. Und was am Ende herauskommt als positionierende Aussage, bleibt dann eben doch im rational Faßbaren befangen – so als gäbe es noch immer die Möglichkeit, Produkte in vollbesetzten Märkten ausschließlich über die Product-Performance zu differenzieren und die Sache mit den Gefühlen einer irgendwie kreativen Umsetzung in Werbung zu überlassen.

Wie schwer wir uns allesamt tun, mit Gefühlen umzugehen, zeigt ein Fall, bei dem es nahezu ausschließlich um Emotionen geht, nämlich die Musik. Werbemenschen benutzen Musik gerne für Fernseh- oder Funk-Spots, für Jingles oder nur zur Untermalung. Wer aber einmal erlebt hat, wie ein Werbemanager einen Komponisten brieft, der weiß auch, wie in solchen Gesprächen nach Worten gesucht wird, um sich gegenseitig eine Vorstellung von Musik zu vermitteln.

Ein Kommunikations-Ingenieur versucht da einen Verführungs-Künstler einzustimmen. Jedes Wort, das er benutzt, ist entweder die Quelle eines Mißverständnisses oder gar eine Beleidigung. Und weil die Wörter erkennbar nicht ausreichen, werden Beispiele hergesucht, meist aus dem eigenen Schallplattenschrank. Auch sie, so versichert man sich gegenseitig, bezeichnen natürlich das Gemeinte nicht genau, mögen aber die Richtung angeben; was hier in Moll vorgeführt wird, wäre dann eigentlich in Dur zu setzen; was hier eher langsam ist, müßte dann natürlich schneller gespielt werden, und überhaupt etwas hymnischer – Sie verstehen schon, schließlich geht es ja um Werbung für eine Marke.

Neben der Unfähigkeit, Gefühle durch Wörter zu vermitteln, ist in solch einem Gespräch noch etwas anderes zu beobachten: Die Angst vor dem Subjektiven, vor dem sog. Irrationalen, vor individueller Willkür. Die Sorge, sich einem Menschen anzuvertrauen, der mit einer schwer begreifbaren Materie arbeitet und dessen Schaffensprozeß kaum kontrollierbar ist. Nach der Unterwerfung der Texter und der Graphiker muß dies für den Auftraggeber ein beängstigendes Gefühl sein.

In dieser Not haben wir Werbeleute die 24-Spur-Tonmaschine und den Synthesizer für uns entdeckt. Denn damit ist auch Musik system-adäquat machbar. Jedes Instrument kann auf einer eigenen Spur aufgenommen werden, und dann zum Mischungstermin sind alle, alle da, um ihre eigene Vorstellung vom Ergebnis, oder zumindest einen kleinen Teil davon, zu verwirklichen: Der Agentur-Producer schiebt die Bässe ein wenig rauf, der Creative-Director nimmt die Bleche zurück, der Produkt-Manager verleiht den E-Gitarren ein bißchen mehr Präsenz, der Agentur-Geschäftsführer bittet darum, bei den Hölzern die Spitzen rauszunehmen. Der Komponist steht beschämt an der Seite, der Tontechniker beherrscht die Szene. Was herauskommt, ist ein zusammengesetztes Ganzes, an dem sich Gott sei Dank jeder ein bißchen beteiligen durfte. Nur ist es keine ganzheitliche Schöpfung, die dementsprechend ganzheitlich emotional auf die Menschen wirken könnte.

Ähnlich gefährlich ist es mit dem Synthesizer. Welch herrliches Instrument. Total steuerbar und kontrollierbar, frei von menschlichen Schwächen und damit auch zutiefst unmenschlich. Im schönsten Falle gar computergesteuert. Aber, so wird die Präferenz für diese Maschine gern begründet, dieser Synthesizer kann sogar eine Oboe nachmachen. Nur kann diese Oboe eben nicht flüstern, sie kann mir nichts erzählen. Und er kann auch eine Geige nachmachen; aber diese Geige kann nicht lachen und sie kann auch nicht weinen. Ihr Tremolo verströmt den Charme einer Sinus-Kurve. Was herauskommt, sagt schon der Name: Synthetik. Und Synthetik ist, wie wir alle wissen, nicht sehr angenehm auf der Haut; und unter die Haut geht sie schon gar nicht.

Unsere Schwierigkeiten mit den Emotionen, begründet durch Erziehung, berufliches Milieu und durch unsere Arbeits-Systeme, hat Faust in seiner Antwort auf Wagner's Frage »Wie soll man sie durch Überredung leiten« so beschrieben:

Wenn ihr's nicht fühlt, ihr werdet's nicht erjagen,
Wenn es nicht aus der Seele dringt
Und mit urkräftigem Behagen
Die Herzen aller Hörer zwingt,
Setzt ihr nur immer, leimt zusammen,
Braut ein Ragout von andrer Schmaus,
Und blast die kümmerlichen Flammen
Aus eurem Aschenhäufchen raus!
Wenn euch danach der Gaumen steht –
Doch werdet ihr nie Herz zu Herzen schaffen,
Wenn es euch nicht von Herzen geht.

Lassen Sie mich zum Schluß kommen: Wir haben kaum gelernt, mit Gefühlen umzugehen. Wir haben im Umgang mit der eigenwilligen Vernünftigkeit des Subjektiven, dem häufig so verhöhnten

Irrationalen, Nicht-Systemadäquaten eine Menge nachzuholen. Erst wenn uns das gelingt, werden wir in der Lage sein, unseren schlechten Ruf als Geheime Verführer wirklich zu rechtfertigen.

Fünf Ursachen für markentechnisches Unvermögen

Für sie gibt es nun keine Entschuldigung mehr

Das markentechnische Unvermögen der meisten Produkt-Manager und Werbeleute erweist sich heute nicht nur in der Einführung mißlungener Marken, sondern viel häufiger noch, beinahe täglich, in der mißratenen Führung gegebener Marken. Dafür gibt es mehrere, unterschiedlich schwer oder kaum noch zu behebende Ursachen:

Die Unkenntnis des Buches »Die Gewinnung des öffentlichen Vertrauens; ein Lehrbuch der Markentechnik« von Hans Domizlaff ist die erste. Doch dank der Neuausgabe 1982[1] gibt es dafür nun keine Entschuldigung mehr. Es sei denn, man läßt den Umstand gelten, daß Markentechnik und Markenführung kaum irgendwo an einer Fachhochschule, Hochschule oder Universität zum Lehrplan gehören, also auch kein Zwang besteht, dieses Thema zu studieren. Denn die Devise heißt ja: Gelernt wird nur, was vorgegeben und später auch geprüft wird.

Eine zweite Ursache ist der zunehmend auch beklagte Verlust an allgemeiner, in erster Linie literarischer, historischer und ästhetischer Bildung. Bedauerliche Folge einer Erziehungspolitik, die Bildung durch Ausbildung ersetzte. Vergegenwärtigt man sich, was der junge Hans Domizlaff allein durch seine Malerei, seine wissenschaftliche Schriftstellerei und seine Inszenierungsarbeit an Kenntnissen darüber mitbrachte, wie Sprache und Bilder als Ausdrucksmittel einzusetzen seien, dann wird einem angesichts der geistigen Schmalkost heutiger Curricula bange für unser Fach. Man nehme nur den Verfall der sprachlichen Ausdrucksfähigkeit, und man ahnt, welche Folgen er für eine Aufgabe haben kann, die Kommunikation heißt: »Wenn die Sprache nicht stimmt, so ist das, was gesagt wird, nicht das, was gemeint ist; ist das, was gesagt wird, nicht das, was gemeint ist, so kommen die Werke nicht zustande« (Konfuzius). Oder man nehme die unzureichende Verinnerlichung prägender Kunstereignisse der Vergangenheit und Gegenwart, und man ahnt die Hilflosigkeit vor der Domizlaff'schen Forderung nach einem richtungweisenden Geschmack: »Lieschen Müller hat es am liebsten, wenn man ihr den Geschmack vorschreibt. Neue Ideen kann man von ihr nicht erfahren.«[2]

Eine dritte, eng mit der vorigen verbundene Ursache ist die fehlende »éducation sentimentale«. Eine progressiv gewandete Verstandesgläubigkeit, wie sie in der Ausbildung, am Arbeitsplatz und in der Politik vorherrscht, macht Gefühle verdächtig und läßt die Empfindungsfähigkeit verkümmern. Ein Manko für praktizierende und angehende Markentechniker, denn »das meiste ist vom Gefühl bestimmt. Der Verstand . . . ist niemals kompositorisch wirksam«, eher schwächt er den »Instinkt für die Resonanzbereitschaft der Massenmenschen«[2] und minimiert die Chancen, daß sich das Nichtberechenbare gegen das Mißtrauen der Zahlenmenschen behaupten kann.

Eine vierte Ursache findet sich in dem ungeeigneten Verhältnis vieler Marken-Verantwortlicher zur Masse. Der gute Markentechniker »muß die Masse, mit der er es zu tun hat, in ihrem ganzen Wesen verstehen, obwohl oder gerade weil er ihr nicht angehört«.[3] An dieser dialektischen Aufgabe ist nicht nur die Studentenbewegung von 1969 gescheitert. Auch Marketing und Werbeleute mogeln sich gern daran vorbei. Indem sie das Erkennen der Massenpsyche an eine damit überforderte Marktforschung delegieren; und sich selbst auf einen inzüchtigen Erfahrungsraum zurückziehen, statt die Synthese zwischen Elite und Masse in sich selbst zu leisten.[3] Die »Neubegierde« eines Felix Krull, der alles Menschliche noch selbst zu erfahren suchte und durch seine Verkleidung doch Distanz bewahrte, ist unserer Gesellschaft weitgehend abhanden gekommen.

Eine fünfte und letzte Ursache sehe ich in der Tatsache, daß die Markentechnik einen unzeitgemäßen Respekt vor der Markenpersönlichkeitund Ehrfurcht vor ihrer Erscheinung fordert.

Hat eine Marke einmal das Vertrauen der Öffentlichkeit gewonnen, ist es ihren Machern und den späteren Sachwaltern nur noch innerhalb enger, jedoch schwer definierbarer Grenzen erlaubt, an ihrem »Gesicht« etwas zu ändern. Denn der »Kompositionssinn der Masse« ist gerade, wenn es um ein Idol geht, sehr empfindlich. Dieser weitgehende Verzicht auf Manipulation ist heute kaum noch durchzusetzen und fordert von verantwortungsbewußten Vorgesetzten in Markenartikel-Unternehmen und Werbeagenturen außerordentliche pädagogische Anstrengungen. Allzu groß ist die Neigung ehrgeiziger Mitwirkender, sich selbst zu verwirklichen und den Nachweis karrierefördernder Aktivitäten dort zu erbringen, wo ein Produkt sich am wenigsten zu wehren weiß, bei der Verpackung und bei der Werbung. Allzu schnell holen sie damit eine außergewöhnliche Schöpfung auf das Niveau der eigenen Unbedeutendheit herunter und schleifen ihr die auffälligen Merkmale ab, weil sie selber auf Unauffälligkeit getrimmt werden. Und allzu leicht läßt man's ihnen durchgehen. Drohen sie doch sonst, frustriert zu sein, und brechen mit diesem gesellschaftlich sanktionierten Vorwurf nahezu jeden Widerstand. Den Rest besorgt dann der häufige Betreuerwechsel: »Betrachten Sie die Werbung der letzten zehn Jahre: werden die Werbegesichter vieler anfangs erfolgreicher Markenartikel nicht laufend verändert? Das ist ein Verbrechen an der Marke, ein Denkfehler unserer Zeit.«[2] Oder ein teures Mißverständnis. Denn eine Marke führen zu dürfen, heißt in Wahrheit, ihr dienen zu müssen.

---

[1] Hans Domizlaff: Die Gewinnung des öffentlichen Vertrauens; ein Lehrbuch der Markentechnik
Erste Auflage: 1939, 1940 ergänzt durch einen II. Band mit dem Untertitel »Lehrbeispiele aus der Markenartikel-Industrie«; Hanseatische Verlagsanstalt, Hamburg
Zweite Auflage: 1951 als »sorgfältige Überarbeitung des alten Textes« (I. Band) mit einigen Ergänzungen; Verlag Hans Dulk, Hamburg
Neu zusammengestellte Ausgabe: 1982 (I. Band und Auszüge aus dem II. Band); Verlag MARKETING JOURNAL, Hamburg

[2] Diese Domizlaff-Zitate sind einem Aufsatz von Herbert Liebenau »Interview mit einem Solisten« entnommen; in: Begegnungen mit Hans Domizlaff; Festschrift zu seinem 75. Geburtstag; herausgegeben von Paul W. Meyer, Essen 1967

[3] Paul W. Meyer: Markentechnik und Marketing; in der zuvor genannten Festschrift

Die Angst der Marke vor dem Relaunch

Krise der Marken oder ihrer Manager?

Ich möchte mich nicht mit der Frage der Definition aufhalten. Ich denke, wir alle wissen in etwa, was »Relaunch« heißt, so daß wir mindestens einen Konsens erzielen können, wenn auch keine Einigkeit, um mit Friedrich Hacker zu sprechen.

Als ganz persönliche Bemerkung muß ich vorwegschicken, daß ich selber an mehreren kleinen wie großen Relaunches mitgewirkt habe. An mehreren Revivals, an einigen Modernisierungen, an einigen Aktualisierungen, an einigen Face-liftings. Ich bekenne mich auch schuldig, an Marken-Optimierungen beteiligt gewesen zu sein. Insofern kann alles, was ich hier erzähle, auch gegen mich verwendet werden.

»Ich bin eine Marke im Regal. Es ist 14.00 Uhr. Heute hat mich noch keiner gekauft. Das Regal-Pflegepersonal beachtet mich seit längerer Zeit nicht. Der Vertreter hat auch lange nicht über mich gesprochen. Mein Produkt-Manager hat gerade Karriere gemacht. Ein Neuer ist auf seinen Platz gekommen. Ich habe das Gefühl: Ich bin dran. Ich habe Angst.«

Der erste Grund, Angst vor dem zu haben, was mit der Marke jetzt passiert, ist die Unkenntnis der Leute, die mit ihr zu tun haben – über sie, die Marke:

Unkenntnis ihrer Biographie

Es ist festzustellen, daß nicht nur Produkt-Manager, sondern auch Werbeagenturleute – Kontakter, Art-Direktoren, Texter – oft sehr wenig Ahnung haben von der Biographie einer Marke, insbesondere dann, wenn sie älter als 10 Jahre ist. Ich finde das deshalb problematisch, weil der Charakter einer Marke sich eigentlich erst aus ihrer Biographie ergibt. Identität ist ohne Biographie überhaupt nicht zu erfassen. Manchmal aber reicht die biographische Kenntnis der Leute, die mit Marken zu tun haben, kaum weiter zurück als zwei oder drei Jahre.

Unkenntnis ihrer Persönlichkeit

Eine andere Art von Unkenntnis ist, daß auch die Marktforschung sich schwertut, Produkt-Managern, Art-Direktoren, Kontaktern etwas über den Charakter und die Persönlichkeit der Marke zu vermitteln. Weil es ihr schwerfällt, den Zusammenhang zwischen den inneren Werten – oder dem »Ethos« (Bodo Rieger) – und der äußeren Erscheinung überhaupt aufzudecken, und zwar deshalb, weil die Menschen, die die Marktforscher befragen, über diesen Zusammenhang gar nicht nachdenken können. Sie können ihn zwar empfinden, aber nicht darüber reden.

Die Marktforscher können einzelne Details im Erscheinungsbild einer Marke – das mag die Packung oder auch die Werbung sein – in ihrer Bedeutung, in ihrem Gewicht, in ihrer Wichtigkeit für die ganzheitliche Marken-Empfindung nur sehr schwer deuten. Sie können, wenn man sie fragt, kaum Auskunft darüber geben, ob jener kleine Schnörkel links oben wichtig ist oder nicht. Da geben sie sich schließlich, wenn man sie wirklich festnageln will, überfragt.

Unkenntnis ihrer Ganzheitlichkeit

Zur dritten Unkenntnis: Es fällt uns allen, die wir als Analytiker erzogen worden sind, schwer, ganzheitlich zu denken und zu empfinden. Marken brauchen aber für ihr richtiges Verständnis ganzheitliches Auffassen, ganzheitliches Empfinden. Leute, die sich zutrauen, Layouts zu zerschneiden, tun sich schwer, welche zusammenzusetzen. So geht es dann auch mit den Marken: Man nimmt sie leicht auseinander – aber man tut sich schwer damit, sie wieder zusammenzufügen – oder auch als zusammengefügtes Ganzes zu erkennen, oder die Bedeutung einzelner Elemente in diesem Ganzen.

Ein zweiter Angstgrund für die Marke, wenn es an einen Relaunch oder ähnliche Operationen geht, ist die oft falsche Motivation für den Relaunch:

Eine falsche Motivation für den Relaunch

Die häufigste, wahrscheinlich allzu bekannte Motivation geht davon aus, daß man neu auf einer Marke arbeitet – ob als Produkt-Manager oder als Werbemann in der Agentur – und daß man zeigen möchte, etwas bewegen zu können. Und wenn schon nicht Marktanteile, weil das sehr, sehr schwer ist, und wenn man schon den Handel nicht dazu bringen kann, das Produkt zu listen, oder den Außendienst nicht motivieren kann, das Produkt noch besser zu distribuieren, dann hält man sich, da man etwas bewegen will, an die Teile, bei denen das am einfachsten geht, nämlich an die Packung und an die Reklame.

Das geht alles sehr schnell; da hat man eine Agentur zur Verfügung; da läßt sich leicht herumfummeln. Ein junger, noch unsicherer Produkt-Manager macht sich zunächst an die Rückseite der Packung, denn das merkt nicht jeder sofort. Die Assistenten übernehmen die Seitenteile, weil das meistens mehr technische Dinge sind. Der gestandenere Produkt-Manager, der eine neue Aufgabe übernimmt, wagt sich dann auch an die Vorderseite. »Da sollte der Weißanteil ein bißchen erhöht werden; das Rot sollte vielleicht ein bißchen zurückgenommen werden; der Schriftzug erscheint ein bißchen altmodisch.« Ob das alles wirklich notwendig ist oder nur daraus motiviert, daß ein neuer Mann etwas bewegen oder demonstrieren will, darüber wird kaum noch diskutiert. Den Agenturen steht es auch nicht an, solche Motivationen zu hinterfragen.

Noch eine falsche Motivation

In den Zusammenhang »falsche Motivation« gehört für mich auch, daß der Vertrieb fast verlernt hat, über Produkte auch dann zu reden, wenn an ihnen nichts verändert wurde, wenn sie einfach immer noch so da sind, wie sie vor einem Jahr da waren. Ich habe es erlebt, daß Vertriebsleute sagen: »Ihr macht ja gar nichts an dem Ding, ich möchte darüber wieder einmal mit dem Handel sprechen!« Sie sind ganz erstaunt, wenn man sagt: »Reden Sie mit denen doch einmal über das Produkt, wie es ist. Es braucht nicht geändert zu werden!«

So entstehen Zwänge, die mit der eigentlichen Befindlichkeit der Marke gar nichts zu tun haben, sondern mit der Unfähigkeit der Leute, auch über Unverändertes sozusagen anlaßfrei zu sprechen. So wird dann aus Gefälligkeit dem Vertrieb gegenüber hie und da herumgebastelt, damit man sagen kann: »Wir haben wenigstens an unserer Packung ein wenig Face-lifting betrieben.«

Und noch eine falsche Motivation

Ein drittes falsches Motiv für Veränderungen, manchmal sogar drastische Veränderungen an einer Marke ist die fehlende Kraft von Unternehmen, neue oder veränderte Bedürfnisse mit wirklich neuen Marken zu beantworten. Es ist sehr schwer, eine neue Marke zu machen, und es kostet auch viel Geld. Also fragt man sich: haben wir nicht ein Pferd im Stall, das wir durch einen sanften Zügelzug ein bißchen in die andere Richtung lenken können? Was oft nicht nur ein bißchen eine andere Richtung, sondern eine deftige Wendung, wenn nicht gar eine Kehrtwendung ist.

So muß sich diese Marke, die auf ein anderes Bedürfnis hin konzipiert war und sich auch dahin profiliert und ihren Charakter dahin entwickelt hat, plötzlich umziehen und eine andere sein, damit sie dem Bedürfniswandel entsprechend einen anderen Bedarf abdeckt.

Oder man strapaziert eine vorhandene Marke, indem man ihr noch ein Produkt unterstellt, dann vielleicht noch eines. So daß aus dieser Marke langsam so etwas wie eine Sortiments- oder Dachmarke wird. Und dieses Dach sieht immer noch gut aus, keiner merkt, daß es hier und da durchregnet, weil es durch Überdehnung ein bißchen dünn geworden ist. So verliert die Marke ihre Konsistenz. Aber zum Deklarieren von neuen Produkten reicht sie doch allemal. Das beruhigt dann viele. Ich finde es z.B. überstrapaziert, wenn man unter »Fa« ein Shampoo einführt. Für mein Gefühl paßt das nicht mehr in die Fa-Marke, so wie ich sie einmal gelernt habe. Aber ich weiß, daß es schwer ist, eine »neue« Shampoo-Marke einzuführen.

Zu den falschen Motivationen gehört für mich schließlich auch, daß es manchmal gar nicht die Marke ist, die veraltet, die unmodern, inaktuell wird, sondern daß es die Reklame ist, die inaktuell geworden ist; daß die Werbung, die für diese Marke gemacht wird, zwar erscheint, aber mit den Leuten nicht mehr redet, stumm geworden ist, bloße Deklamation, Selbstdarstellung in einem absolut undialogischen Sinn. Wie ein Stempel wird sie in die Zeitschriften oder in die Fernsehkanäle gesetzt – aber keiner denkt mehr darüber nach, ob das eigentlich noch lebendige Kommunikation ist.

Ein dritter Angstgrund, wenn es um Relaunch geht, ist die Tatsache, daß jede Veränderung, und sei sie noch so klein, zumindest theoretisch eine Störung der Beziehung zwischen der Marke und den Menschen darstellt, die sie kaufen und verwenden; vor allem eine Störung der emotionalen Beziehungen zwischen diesen Menschen und der Marke. Dies ist aus zwei Gründen so:

Erstens ist eine solche Veränderung immer eine Störung des Rituals der Wiederholung. Wir sollten uns darüber klar sein, daß die Menschen Wiederholungen nicht nur brauchen, um die Inhalte einer Marke zu lernen; daß die Wiederholung nicht nur den Zweck hat, den ungeheuer langsamen Lernprozeß der Masse in Gang zu halten, sondern daß Menschen die Wiederholung auch an sich brauchen, als Möglichkeit des Wiedererkennens.

Ein kleines Beispiel, wie dieses Bedürfnis im Grunde genommen von Kindesbeinen an zu beobachten ist: Wer Kinder hat und noch die altmodische Sitte pflegt, ihnen ein Märchen vorzulesen, wird die Erfahrung gemacht haben, daß Kinder aus dem großen Angebot von Tausendundeiner Nacht oder Andersens Märchen sich irgendwann ein Lieblingsmärchen herauspicken und jeden Abend verlangen, daß eben dieses wieder vorgelesen wird. Dabei scheinen sie dann einzuschlafen, weil die Inhalte, die hier vorgetragen werden, längst bekannt sind und es ihnen gar nicht darum geht, diese Informationen wieder in sich aufzunehmen, sondern in sich selber nur die Emotionen wiederzuerleben, die sie beim ersten, zweiten, dritten Hören hatten.

Dann passiert etwas Merkwürdiges: Der Vater, der angesichts der langsam zufallenden Augen denkt, er könne die Geschichte vielleicht ein wenig abkürzen, überschlägt einen Satz und schon ist das Kind wach und sagt: »Das ist falsch.« Die Kinder verlangen die wortwörtliche Wiederholung und fühlen sich empfindlich gestört und um den eigentlichen Lusteffekt dieser Vorlesung gebracht, wenn sie jemand auch nur an einer Stelle betrügt. Friedrich Hacker hat einmal gesagt – ich meine, das hängt mit Marken sehr eng zusammen und auch mit jenem Beispiel: »Vertrauen weckt nur, wer das Vertraute immer wiederholt.« Insofern muß jede Änderung eine Störung dieses Vertrauens darstellen. Wenn sie nicht unbedingt nötig ist, sollte sie unterbleiben.

Der zweite Grund: Marken sind Dinge, mit denen die Menschen in der Regel auch groß werden. Zumindest gilt das für bedeutende Marken; sie begleiten die Menschen in der Regel über mehrere Jahre. An solchen Dingen wie Marken, also Produkten und ihrer äußeren Erscheinung, machen Menschen persönliche Erinnerungen und Gefühle fest.

Ich beziehe mich hier auf Marcel Proust und seinen Roman: »Auf der Suche nach der verlorenen Zeit«, der in hervorragender und anrührender Weise darstellt, wie Menschen immer wieder bei der Begegnung mit Dingen Erinnerungen in sich aufsteigen fühlen, und daß diese Erinnerungen eigentlich ihre Existenz ausmachen. Dabei geht es Proust nicht etwa um das Gedächtnis, sondern um die Erinnerung, d.h. um im Unterbewußten abgelagerte Begebenheiten, die dann aufsteigen, wenn man sich nicht bewußt dagegen wehrt.

Ich möchte einen Autor zitieren, der über dieses Phänomen bei Marcel Proust ein paar Sätze gesagt hat, die in unserem Zusammenhang aufschlußreich sind. Günter Blöcker schreibt: »Die Erinnerung bewahrt die Gesamtheit unserer Existenz. Sie ist die latente, die in die Erscheinungen, in die Dinge gebannte Ewigkeit. Sie ist auf die Hilfe der Dinge selbst angewiesen . . . Im Duft und im Geschmack der Dinge leben die versunkenen Wirklichkeiten fort. Duft und Geschmack sind immateriell, und doch haltbar. Die irrenden Seelen der Vergangenheit, sie tragen in einem beinahe unwirklich winzigen Tröpfchen das unermeßliche Gebäude der Erinnerung in sich.«

Jeder von Ihnen wird das nachvollziehen können. Beispielsweise hat vermutlich jeder seine eigenen Dufterinnerungen. Es gibt Parfums und Rasierwasser, wenn Sie die in die Nase bekommen, dann taucht die Erinnerung an eine ganz weit zurückliegende Geschichte auf. Die ganze Situation ist da, die Stimmung, das

Licht, die Atmosphäre, die Temperatur. Das ist nur festgemacht an diesem einen Tröpfchen Duft.

Daß das nicht nur für Duft und Geschmack gilt – Dinge, die mit Produkten ja auch unmittelbar gegeben sind, sondern daß das auch für die Reklame gelten kann, bezeugt eine Geschichte aus dem Faust, in der diese Art von Erinnerung an Klängen, an einem Sound festgemacht wird. Es ist die Stelle, als sich Faust in seinem Studierzimmer entschließt, Selbstmord zu begehen. In dem Moment, da er das Giftglas vom Schrank holt, ertönt aus dem Kirchlein im Dorf ein Orgelchoral mit Gesang, den er zunächst ganz unbewußt aufnimmt. Dann hört er hin, wehrt die darin enthaltene Botschaft als unglaubhaft ab, und fährt dann dennoch fort: »Und doch, an diesen Klang von Jugend an gewöhnt, ruft er auch jetzt zurück mich in das Leben . . . Dies Lied verkündete der Jugend muntere Spiele, der Frühlingsfeier freies Glück; Erinnerung hält mich nun, mit kindlichem Gefühle, vom letzten, ernsten Schritt zurück.«

Das ist möglicherweise zu gewaltig für unser Thema. Ich möchte damit ja auch nur deutlich machen: Die Menschen brauchen die Möglichkeit, an ganz konkreten Dingen des täglichen Lebens ihre Erinnerungen an die eigene Vergangenheit festzumachen. Das funktioniert nur, wenn diese Dinge exakt so wiederkehren, wie sie einmal waren. Sonst nicht; die Menschen werden erinnerungslos und verlieren damit einen wesentlichen Teil ihrer Identität oder Existenz.

Der vierte Angstgrund, auf den ich nur ganz kurz eingehen möchte, ist folgender: Wenn es denn schon notwendig ist, an einer Marke etwas zu ändern – vorn, hinten, an der Seite, am Produkt selber, Geruch, Geschmack usw. –, dann sollte es nicht unbedacht gemacht werden.

Das große Aufräumen

Es sollte vor allen Dingen nicht das passieren, was oft passiert, nämlich daß man, wenn man ans Ändern kommt, die ganze Kampagne ändert, daß man das Bild ändert, daß man mit dem Bild den Slogan wegschmeißt, daß man mit dem Slogan den Sprecher wegwirft und mit dem Sprecher auch den Sound. Plötzlich ist alles in toto so verändert, wie es nicht nötig war. Das ist das große Aufräumen.

Wenn einmal die Dämme gebrochen und keine kraftvollen Führungspersonen da sind, die solchen Leuten das Handwerk legen, ist das Unglück schnell passiert. Am Ende sind alle stolz darauf, daß es nun so schön und so toll aussieht. Und die Marktforschung hat versichert: Die Leute erkennen die Marke tatsächlich wieder.

Das Verbiegen einzelner Elemente

Es wird oft zuviel gleichzeitig über Bord geworfen. Manchmal könnte der Slogan stehenbleiben, weil sich die Positionierung gar nicht verändert hat. (Sie ist ja meist im Slogan erhalten, wenn er gut ist.) Man muß den Slogan nicht ändern, wenn man das Bild ändert oder den Kampagnen-Auftritt. Man sollte aber auch nicht versuchen, irgendwelche Elemente, die da sind, so zu verbiegen, daß sie eigentlich Unsinn werden.

So finde ich es Unsinn, daß Dash – seit Jahrzehnten ein Waschmittel für weiße Wäsche – deshalb, weil die bunte Wäsche heute einen sehr hohen Anteil in den Haushalten hat, seinen Slogan zwar beibehält, aber dahin verbiegt, daß man sagt: »Dash wäscht so weiß, daß auch die Farben leuchten.« Zeige mir einer denjenigen, der das versteht. Das ist ein netter Versuch, Kontinuität zu wahren – aber hilflos. So geht es auch nicht, meine ich jedenfalls.

Wenn alte Marken herausgeholt werden

In diesem Zusammenhang ein anderes Detail. Mit der Senkung der Preise für Zigaretten kamen auf einmal die alten Marken wieder heraus, von denen übrigens vor zwei Jahren noch jeder verantwortliche Produkt-Manager in den Zigarettenunternehmen sagte: Tot, aus, vorbei, vergessen, gibt es nicht mehr, keine Zielgruppen, alt und staubig. Heute genügt es, diese Packungen aufzustellen und für 3,30 DM anzubieten – schon hat man 3 bis 5 % Marktanteil.

Sieht man genauer hin, stellt man fest, daß die Herren trotzdem schon wieder daran herumgeklempnert haben, um zu rechtfertigen, was sie früher gesagt hatten: Da sei nichts mehr drin. Das marmorierte Grün der Gold-Dollar wird plötzlich rot; man fragt sich, warum? Die kleinen Schnörkel auf dieser Packung sind begradigt, auf der Rückseite, auf der früher ein sehr angenehmer tabakorientierter Text stand, steht jetzt gar nichts mehr. Eine einzige Produkt-Aussage bleibt übrig, und die ist vom Gesundheitsminister über Werte und Schädlichkeit der Zigarette. Es wird nicht mehr dagegen gearbeitet. Man läßt die Flügel hängen und sagt: Vorderseite gleich Rückseite, rechte Seite für den Minister, linke Seite sehr banal, »19 Zigaretten«. Das ist es dann.

Immer wieder: Verarmung statt Bereicherung

Diese Operationen, die da vorgenommen werden, laufen alle auf eines hinaus, und das verbindet sich mit anderen Operationen, die ich beobachtet habe: statt Bereicherung trifft man in der Regel nur Verarmung. Es wird immer nur etwas weggenommen. Man mag das Aufräumen, Entstauben, Modernisieren, Optimieren nennen; das sind alles nur Deckwörter, die den Sachverhalt und die Unfähigkeit verschleiern, zur Bereicherung einer Marke, die etwas sehr Großes und Bedeutendes ist, persönlich etwas beizutragen. So nimmt man der Marke wenigstens etwas und versucht auf diesem Wege, die »Väter« zu bewältigen.

Zwischen Veränderung und Nicht-Veränderung

Lassen Sie mich zum Schluß kommen. Ich möchte nicht einer starren Unveränderlichkeit der Marke und ihrer Erscheinung das Wort reden. Ich kann mir sehr wohl vorstellen – ich bin solchen Situationen auch begegnet –, daß es notwendig ist, das eine oder andere zu modifizieren. Auch die Regeln und gesetzlichen Bestimmungen verändern sich ja und verlangen hie und da, daß man sich ihnen anpaßt. Man kann nicht einfach alles stehen lassen und sagen: Neues darf bestenfalls addiert werden. Da muß auch mal umgestaltet und verzichtet werden. Es kann auch geschmackliche Veränderungen geben, die berücksichtigt werden wollen. Ich wollte Sie nur in der Richtung sensibilisieren, wie schwierig es ist, das Richtige zu tun.

Ich möchte in diesem Zusammenhang eine Aussage von Hugo von Hofmannsthal zitieren, der in einem Brief an Richard Strauss über das Problem geschrieben hat, daß auch der Mensch zwischen Veränderung und Nicht-Veränderung steht. Die Marke – im doppelten Sinne des Wortes ein menschliches Geschöpf – ist vielleicht auch in diese Antinomie eingespannt: »Verwandlung ist Leben des Lebens, ist das eigentliche Mysterium der schöpfenden Natur. Beharren ist Erstarrung und Tod. Wer Leben will, der muß über sich selber hinwegkommen, muß sich verwandeln, er muß vergessen. Und dennoch ist an das Beharren, an das Nicht-Vergessen, an die Treue alle menschliche Würde geknüpft. Dies ist einer von den abgrundtiefen Widersprüchen, über denen das Dasein aufgebaut ist.«

»Ich, die Marke, stehe also fünf Monate später wieder im Regal, face-geliftet, gestrafft, optimiert, und eben hat mich sogar einer gekauft. Frage: Ist das ein Beweis?«

Von der Würde der Ware
Über Abwertungs-Tendenzen im Markenartikel-Geschäft

Die öffentliche Darstellung der Beziehungen zwischen Handel und Markenartiklern wird heute von Themen wie Rabatt, Listungsgeld, Werbekostenzuschuß beherrscht. Es ist zu vermuten, daß dabei nur die Spitze des Pressions-Eisberges sichtbar wird; denn es wird z.B. nicht darüber geredet, wie die Industrie unter Kostendruck nach und nach den Qualitätsstandard ihrer Produkte zurücknimmt – nach dem Motto: »Das merken die Leute ja gar nicht.« Und solange der Handel, speziell der Lebensmittelhandel, sich für unfähig erklärt, gestiegene Kosten an den Verbraucher weiterzugeben, gibt es vielleicht auch keinen anderen Ausweg.

Fatalerweise sind es die Händler selbst, die es unmöglich gemacht haben, für einen Markenartikel einen angemessenen Preis vom Verbraucher zu fordern, indem sie – ihrem Umsatzsteigerungstrieb fast blind folgend – auf breiter Front dafür gesorgt haben, daß die Käufervorstellungen vom Wert eines Produktes langsam aber sicher zerstört wurden. Vier Abwertungs-Erscheinungen sollen hier hervorgehoben werden:

Die massenhafte Darbietung der Ware

»Eine Unsitte . . . ist die Darstellung der Massenhaftigkeit von Waren. (Sie ist) sicherlich eine Erfindung des Verkaufsapparates, der die Freude am Massenumsatz, die er selber verspürt, fälschlicherweise auch bei den Verbrauchern voraussetzt. Der Verbraucher interessiert sich aber immer nur für einen einzigen Staubsauger und jeweils nur eine einzige Zigarettenpackung. Die Massenhaftigkeit hat für ihn etwas Beängstigendes. Sie vermindert geradezu den Wert des Artikels und läßt für ihn den Charakter einer ›Dutzendware‹ entstehen. . . Kein Mensch will in seinem Privatleben Teil der Masse sein und entsprechend angesprochen werden.« (Hans Domizlaff)

Würde jeder Händler, aber auch der Produkt-Manager, seine Paletten-Sucht mal am eigenen unzweifelhaften Bedürfnis nach Individualität messen, er würde die Schütten und die Euro-Paletten nur noch mit gemischten Gefühlen in den Markt drücken und neidvoll auf jene Hersteller und Händler blicken, die ihre Ware auch heute noch als Angebot für ein Individuum präsentieren.

Die Irritation des Verbrauchers über den Wert eines Markenartikels

Wer will es dem potentiellen Käufer einer Ware übelnehmen, daß er den wahren Wert eines Markenartikels nicht mehr kennt. Wenn ihm derselbe Artikel hier für 1,95 DM, da für 1,64 DM, dort für 2,14 DM angeboten wird und wenn sich dieses Preischaos zwischen den Geschäften zwei Wochen später schon wieder verändert hat? Welchen Preis ist das Ding denn nun wirklich wert? Langsam schaukelt sich das Wertempfinden immer weiter runter, bis schließlich der Verdacht aufkeimt, eigentlich sei dieses Produkt wohl überhaupt nichts wert. Da kann auch die »Lockvogel«-Erklärung des Handels wenig nützen; im Gegenteil: Diese Funktion umgibt das Produkt eher mit einem Hauch von Prostitution und schalem Geschmack – kurzfristige Befriedigung ja, langfristige Treuebindung und Heirat aber nein.

Das Grelle und Aufdringliche der Angebote

Ob in der Zeitungsanzeige, an der Fensterscheibe oder im Laden selbst, überall spürt man die alte Zwietracht zwischen Kunst und Kommerz. Zu offensichtlich spekuliert man auf den »rohen Geschmack, der das Abenteuerliche und Bizarre, das Heftige und

Wilde, groteske Gestalten, grelle Kontraste und schreiende Lichter zuerst ergreift.« (Friedrich Schiller) Man drängt sich dem potentiellen Käufer mit allen Mitteln auf, läßt ihm nicht die Freiheit der Wahl, die ihn um so sicherer zum Freund der Ware machen würde. »Erfahrung lehrt, daß ›stille‹ Werbemittel in der Wirkung viel weitreichender und auch unmittelbar weit deutlicher hörbar sind als jede Aufdringlichkeit. Der Verbraucher will selbst ein wenig ›entdecken‹ können; er lehnt es innerlich ab, gleich mit der Nase gewalttätig auf etwas gestoßen zu werden . . . Das Anhänglichkeitsbedürfnis der Masse ist ungeheuer stark, aber von einer Art, daß es durch eigene Meinungsäußerungen oder durch freiwillige Taten zum Ausdruck gebracht werden will. Dies ist aber bei einem sichtbar entmündigenden Zwang nicht möglich, wenigstens nicht auf längere Dauer.« (Domizlaff)

Die bewußte Häßlichkeit in Gestalt reißerischer Etiketten, schief geklebter Plakate, handgeschriebener Zettel und so weiter – im Verzicht auf jeden Schmuck bei den No Names endend – zerstört schließlich die Freude am Schönen, die Lust am Überflüssigen, ohne die der Markenartikel nicht leben kann.

Der Händler, der in seinem Laden alles nur noch auf das bloß Nützliche und Funktionale reduziert, keinen Einkaufsappetit, keine Anwendungsfreude weckt, kein Besitzvergnügen und keinen Vorführstolz mitliefert, darf sich nicht wundern, daß der Mensch seine Lüste andernorts, beim Einkauf von Mode und Schmuck, Autos und Blumen befriedigt; dort, wo die ästhetische Würde eines Angebots gewahrt und damit ein Gefühl von Freiheit erhalten geblieben ist.

»Zur Überzeugung des Verstandes kann zwar die Schönheit der Einkleidung ebenso wenig beitragen, als das geschmackvolle Arrangement einer Mahlzeit zur Sättigung der Gäste oder die äußere Eleganz eines Menschen zur Beurteilung seines inneren Wertes. Aber ebenso, wie dort durch die schöne Anordnung der Tafel die Eßlust gereizt, und hier durch das Empfehlende im Äußern die Aufmerksamkeit auf den Menschen überhaupt geweckt und geschärft wird, so werden wir durch eine reizende Darstellung der Wahrheit in eine günstige Stimmung versetzt, ihr unsere Seele zu öffnen, und die Hindernisse in unserem Gemüt werden hinweggeräumt.« So schon Friedrich Schiller, Räuber-Poet, Formulierungskünstler und aufgeweckter Beobachter.

Der Verzicht auf Informationen über die Ware

Wenn man etwas kauft, will man wissen, was es ist, was es kann, was es nützt. Von Informationen dieser Art kaum noch eine Spur. Siehe die Inserate der Händler, in denen nach dem austauschbaren Lobpreis »frisch und preiswert« nur noch Gewichts- und Preisangaben folgen; oder die Anzeigen einer Industrie, die, von Lifestyle-Positionierungen verführt und selbst erzeugten Low-Interest-Wertungen ihrer Artikel zutiefst überzeugt, einfach verstummt. In einer fatal eindimensionalen Beurteilung der Käufermentalität (nur Preis) verzichten Handel und Markenartikelindustrie weitgehend auf Informationen über die Leistung, über den inneren Wert ihrer Angebote. Woraus aber soll sich Wertvorstellung über ein Produkt dann überhaupt noch nähren?

Bei ALDI schimmert Hoffnungsglück

Natürlich ist ALDI ein rabiater Discounter. Wer aber mit zwei Menschenaugen hinschaut und nicht nur mit dem einen Preis-Auge, sieht Erstaunliches. Sollte Theo Albrecht den Domizlaff gelesen haben? Oder hat er nur den besseren Instinkt?

Es fängt schon damit an, daß ALDI für seine Waren Preise festsetzt, die sehr lange stabil bleiben und im Laufe der Zeit eine verläßliche Preis/Wert-Relation vermitteln. Desweiteren habe ich in den vergangenen Jahren nirgends, auch nicht in den Inseraten der Markenartikler, eine so ausführliche und würdig formulierte

Information über Kaffee und Kaffeesorten gelesen wie in einer ALDI-Hauswurfsendung. Da weiß man wirklich, was man hat.

Selten auch habe ich mich bei einem Probierangebot so angenehm berührt, so entscheidungsfrei gefühlt wie bei dieser Ankündigung auf einem anderen ALDI-Handzettel: »Unser Qualitätsversprechen machen wir durch zahlreiche Proben in unseren ALDI-Märkten kontrollierbar. Diese Proben sollen Ihnen die Möglichkeit geben, den Artikel kennenzulernen und die Qualität zu beurteilen. Ohne jede Kaufbeeinflussung! Daher kein Verkauf am Probiertisch.«

Stark beeindruckt hat mich schließlich ALDI's Entscheidung, sein Waschmittel »Unamat«sofort aus dem Verkehr zu ziehen und dies der Kundschaft mit deutlichen Worten anzuzeigen (nachdem es von der Stiftung Warentest keine genügend gute Note bekommen hatte). Welche Entschlossenheit, für die Qualität seiner Ware einzustehen! Und welche Wirkung auf den Käufer, der nun nicht mehr anders kann, als die Qualität aller übrigen ALDI-Angebote für wertgesichert zu halten!

Ist es noch Zufall, daß ALDI mit der schlichten Erklärung, er wolle sich dem auf Initiative des Bundeskartellamtes zustande gekommenen »Berliner Gelöbnis«, aggressive Preispraktiken zu unterlassen und auf systematische Verkäufe unter Einstandspreis zu verzichten, anschließen, die Preise für eine ganze Reihe von Produkten anheben konnte, ohne daß ihm die Kunden scharenweise davonliefen? Und mit dem dummen alten Kaffee-Pfund ist er inzwischen Marktführer. Weil er so billig ist? Vielleicht eine zu billige Erklärung.

Die Würde der Ware ist immer auch eine würdige Verbeugung vor dem Kunden. Oder, wie Che Guevara sagte: »Qualität ist der Respekt vorm Volk.«

Reklame

Glosse zur »Buchreport-Anzeige des Monats«

Ich wollte von gar nichts mehr wissen,
Da hab ich eine Reklame erblickt
Die hat mich in die Augen gezwickt
Und ins Gedächtnis gebissen.

Präziser als Joachim Ringelnatz hat selten ein Werbefachmann die Einstellung eines umworbenen Verbrauchers und die Wirkung guter Werbung auf ihn beschrieben. Tatsächlich wollen die meisten »von gar nichts mehr wissen«. Werden sie doch ohnehin Stunde um Stunde mit Informationen überschüttet und suchen eher nach Möglichkeiten, den Werbestrom über sich hinweggleiten zu lassen.

Bei den Endverbrauchern sind es die Funk- und Fernsehspots, bei den Buchhändlern mag es die Vertreter-Suada, die Flut der Prospekte, das Stakkato der Anzeigen sein, das man am Auge, am Ohr und auch am Gedächtnis vorbeizulenken sucht.

Schließlich haben beide Zielgruppen ihre Lektion gelernt: der Informationsgehalt der sogenannten Information ist meist dürftig, das so einzigartige Produkt ist vielen anderen zum Verwechseln ähnlich.

Wie die Werbemark dennoch gewinnbringend zu investieren sei, lehrt gleichfalls Ringelnatz: Man muß zwicken, beißen und »in die Quere kommen«, wie er an späterer Stelle sagt. Mit einem Wort – auffallen.

Wie aber fällt man auf? Aus dem Gesellschaftsleben weiß es jeder: Man zieht sich unpassend an, sagt ein paar unpassende Worte: das genügt schon, um Interesse zu wecken. Wenn man darüber hinaus noch was anderes zu bieten hat, ist man der Star des Abends. Haste den gesehen?! Was will man mehr?

Das Geheimnis solcher Wirkung ist leicht entschlüsselt: Sich nicht anpassen, sondern die Verhaltens-Klischees der Gattung durchbrechen. Der Werbung stehen dafür die Phantasiewelt der

Bilder und eine fast zu jeder »Schandtat« bereite Sprache zur Verfügung. Leider werden sie zu selten genutzt, um optische oder semantische Zwischenfälle zu produzieren und zu provozieren.

Die »Anzeigen des Monats« haben es mal gewagt, jede auf ihre Weise. Nicht immer sind die Werbeleiter dabei bis an die Grenze gegangen. Nicht immer sind alle Möglichkeiten ausgeschöpft worden.

Wer den Werdegang, besser gesagt den Passionsweg eines Anzeigenentwurfs kennt, weiß aber auch, welche Restriktionen es manchmal gibt – ob aus der Hierarchie des Verlages (»So was haben wir ja noch nie gemacht«) oder von seiten der Autoren (»Wo bleibt da mein Name, mein Produkt«), oder es fehlen Geld und Zeit.

Die preisgekrönten Werbeleiter und ihre Mittäter verdienen allemal Anerkennung, weil sie statt Werbung von der Stange zu produzieren, auffällig wurden. Ginge es nach Ringelnatz, dürfte der Erfolg solcher Werbung nicht ausbleiben:

Und weil sie so zähe und künstlerisch
Blieb, war ich ihr endlich zu Willen.
Es liegen auf meinem Frühstückstisch
Nun täglich zwei Bettnässer-Pillen.
Warum nicht auf dem Nachttisch ein Buch?

Um sich als Marke zu profilieren
Wie ALDI das öffentliche Vertrauen gewinnt

Noch immer verfallen Hersteller und Konkurrenten bei der Betrachtung dieses Handelsgiganten in aussichtsloses Stöhnen angesichts einer beneidenswerten Kostenstruktur, in halbherziges Lamentieren gegenüber einer als unsozial geltenden Personalpolitik und in bittersüße Klagen über ruinierte Lieferanten – um schließlich bei der öden Feststellung zu landen, daß Markterfolg bei derartig niedrigen Verkaufspreisen kein Kunststück sei. Übrigens nicht bedenkend, daß die Erziehung der Konsumenten zum Niedrigst-Preis-Einkauf – wie sie ja von allen systematisch betrieben wird – den ALDI-Läden immer neue Bataillone von Schülern zutreibt, die ihre Lektion endlich gelernt haben.

Gewiß, mit den Discount-Preisen fing bei ALDI alles an. Konsequent und verlockend wie kein anderer hat er auf dieser Rattenfänger-Flöte gespielt. Nur hat er inzwischen raffiniertere Töne und Harmonien drauf als seine Nachahmer, die sich in schrillem Diskant mit »Tiefstpreisen, Preishämmern und Rotstift-Aktionen« zu übertönen suchen.

Als beruhigenden Grundton hat er erst einmal eine Preisbindung Zweiter Hand wieder eingeführt: Monate-, wenn nicht sogar jahrelang kosten seine Artikel stets und überall dasselbe. Hans Domizlaff hätte seine Freude daran. Wenn es sein muß, erhöht ALDI auch die Preise. Im Zusammenhang mit der Untereinstands-Regelung beispielsweise; nicht ohne seiner »verehrten Kundschaft« den Hintergrund dieser Maßnahme zu erläutern. Selbstverständlich und zum Schrecken seiner gerade nachziehenden Konkurrenten senkt er auch die Preise. Am liebsten gleich im Dutzend. Aber fast immer geräuschlos und unter Vermeidung des üblichen Aktions-Vokabulars.

Selbst das Wort »billig« taucht in seinen Preisinformationen kaum auf. (Was sollte auch ein Käufer von einem billigen Produkt denken. Einen Wert soll es haben!) »Preisermäßigung« heißt es bei ihm.

Das darf man sich auf der Zunge zergehen lassen: man schmeckt soziale Verantwortung – ermäßigte Preise für Schüler, Studenten und Arbeitslose, denen selbstverständlich das volle Abendprogramm geboten wird. Nicht das Produkt ist plötzlich weniger wert, nein, scheinbar uneigennützig wird die Preisbarriere für die Schwächeren, noch Zögernden gesenkt. Niemand soll schuldlos vom Kauf ausgeschlossen sein.

ALDI weiß sein Publikum zu schätzen. Er weiß sich ihm in einer Denkungsart verbunden, die der große Soziologe Ferdinand Tönnies die »Öffentliche Meinung« nennt, und als deren Subjekt ein »wissendes, gebildetes, unterrichtetes Publikum« zu denken sei, das sein »Meinen auf Denken und Wissen, anstatt auf ungeprüften Vorstellungen, auf Glauben und Autorität aufbauen will«. Eben diese Antinomie von »Öffentlichkeit« und »Glaube« beschwört ALDI nämlich, wenn er in einer Postwurfsendung schreibt:

»Qualität hat ihre eigene Sprache. Eine Sprache, die leicht zu erlernen ist, wenn Sie vorurteilsfrei sind und genug Vertrauen zu Ihrem Beurteilungsvermögen haben. Denn wer ist am ehesten in der Lage, über die Qualität eines Artikels zuverlässig Auskunft zu geben? Natürlich der Artikel selbst . . . Warum also auf andere hören? Warum Werbeversprechungen blind vertrauen, der bekannten Marke allein ungeprüft beste Qualität zuerkennen?«

Diese Ansprache der Konsumenten als freie, urteilsfähige Individuen unterstellt eine soziale Wirklichkeit, die Tönnies in Abgrenzung zur »Gemeinschaft« als »Gesellschaft« bezeichnet, als einen »seinem Wesen nach rationalen oder doch nach Rationalität strebenden Zustand . . . Die Individuen stehen gleichberechtigt und mit gleichen Ansprüchen nebeneinander. Jeder kann den anderen belehren . . . (Aber) auch die Mitteilung von Meinungen, die zur Annahme solcher Meinungen überreden will, wendet sich an das eigene Urteil des Angeredeten oder Lesers.

Sie gibt dafür Gründe, die ihm einleuchten sollen, aber die er auch prüfen und verwerfen kann.«

Zu einem Meinungsaustausch solcher Art animiert ALDI auch mit seinen Probierangeboten, wenn er sie wie folgt annonciert: »Unser Qualitätsversprechen machen wir durch zahlreiche Proben in unseren ALDI-Märkten kontrollierbar. Diese Proben sollen Ihnen die Möglichkeit geben, den Artikel kennenzulernen und die Qualität zu beurteilen. Ohne jede Kaufbeeinflussung! Daher kein Verkauf am Probiertisch.« Zwang oder auch nur sanfter moralischer Druck durch eine letztlich doch um Umsatz bemühte Häppchen-Hostess hat in diesem System zu unterbleiben.

Gleiches gibt übrigens Lee Iacocca in seiner »Amerikanischen Karriere« zum besten, wenn er die Werbesprüche zitiert, mit denen er Chrysler in kurzer Zeit wieder flott bekam: »Ich erwarte nicht, daß Sie unser Auto in blindem Vertrauen kaufen. Ich bitte Sie, zu vergleichen.« Oder sein berühmt gewordener Satz: »Wenn Sie ein besseres Auto finden – kaufen Sie's!« Chryslers spektakuläre »Geldrückgabegarantie« könnte gar bei ALDI abgeschrieben sein: »Kaufen Sie eines unserer Autos. Nehmen Sie es mit nach Hause, und wenn es Ihnen innerhalb von 30 Tagen aus welchem Grund auch immer nicht gefällt, bringen Sie es zurück, und Sie bekommen Ihr Geld wieder.« Auf der Titelseite einer ALDI-Information liest sich das so: »Jeder Artikel, den Sie im ALDI-Markt kaufen, ist mit der umfassendsten Garantie ausgestattet, die denkbar ist. Was nicht gefällt, wird zurückgenommen, der Preis erstattet . . . der bloße Hinweis ›gefällt mir nicht‹ genügt.«

Zur Überraschung der Skeptiker funktionierte Iacoccas Idee sehr gut: »Die meisten Leute spielen fair . . . erstaunlicherweise belief sich die Gesamtzahl der Rückgaben auf weniger als 0,2 %!« (Es wäre interessant, von ALDI zu erfahren, wie fair die Deutschen in dieser Hinsicht sind.)

Zieht man Hans Domizlaff zu Rate, dann ist das allerdings eine feine Verkaufstaktik: Denn der »Verbraucher ist um seine scheinbare unterbewußte Freiheit immer besorgt. Der Verbraucher will in Wirklichkeit angeleitet und geführt werden, aber er will den Schein der Freiwilligkeit gewahrt wissen oder wenigstens ein Gefühl der Selbständigkeit der Wahl behalten . . . dies ist aber bei einem sichtbar entmündigenden Zwang nicht möglich!« – Also alles nur Schein, vernünftlerisches Mäntelchen über nackter Verkaufsabsicht?

Man könnte es meinen – und doch gleich wieder nicht, wenn man im ALDI-Informationsdienst weiterliest. Da werden die Fakten zur Beurteilung der Ware fein säuberlich, z.T. recht ausführlich und in einer unaufdringlichen, gepflegten Diktion aneinandergereiht: Dieser Kaffee ist mit, dieser ohne die teure Keniabohne, diesem werden in einem Dämpfungsverfahren viele Reizstoffe entzogen, jener ist ohne den in Deutschland wenig geschätzten Robusta-Kaffee hergestellt – und immer wird empfohlen, bei bestimmten Artikeln nicht nur auf den Preis, sondern auch auf die Mengenangabe zu schauen.

Halt! Auch solche Informationen könnten noch Manipulation von jener sublimen Sorte sein, die der Philosoph Günther Anders mit den Worten geißelt: »Faktengierig wird er (der Konsument in der Fertigwaren-Welt) gemacht, damit er nicht wisse, daß er dasjenige, was er zu wissen glaubt, lediglich glaube . . . Wenn die Formulierung paradox klingt, so weil die Situation selbst paradox ist: Weil nämlich mit ›Wissen‹ derjenige Glaube bezeichnet wird, der nicht wissen soll, daß er nur Glaube ist.«

Also doch »Glaube« statt »Wissen«, doch nur scheinbare Zugeständnisse an eine sich aufgeklärt dünkende Gesellschaft? Man müßte verzweifeln, hätte es nicht den Fall »Unamat« gegeben: Ein ALDI-Waschmittel, das dem öffentlichen Urteil in Gestalt der Stiftung Warentest ausgesetzt wird und den Test nicht besteht. Was macht ALDI?

Am nächsten Tag zieht er seine Marke aus dem Verkehr. Keine Entschuldigungen, kein Vertuschungsversuch, kein ängstliches Stillhalten (»Hoffentlich hat es keiner gelesen«), sondern ein konsequenter Schritt mit einer lauteren Erklärung – zum Schutze des Konsumenten und scheinbar zum eigenen Nachteil. Die zackige Referenz vor einer selbstgewählten Instanz, die »Öffentliche Meinung« heißt, und die man sich nach Tönnies auch als einen »Gerichtshof denken kann, dessen Beschlüsse oder Erkenntnisse die ideelle Geltung von Richtersprüchen für sich in Anspruch nehmen und, obwohl ohne Beistand von einer vollziehenden Gewalt, eine Macht und Kraft der Ehrung wie der Entehrung, der Emporhebung wie der Vernichtung, der Verherrlichung wie der Verurteilung darstellen.«

Die von derselben Instanz vor etwa zehn Jahren ausgesprochene öffentliche Ehrung von »Tandil« und der dadurch ausgelöste wirtschaftliche Erfolg dieses Produktes mögen ALDI letztlich bewogen haben, eher sein »Unamat« und dessen Hersteller zu verbannen, als die Zuständigkeit oder Urteilsfähigkeit seiner »Richter« auch nur einen Augenblick anzuzweifeln.

Von derlei Demonstrationen »öffentlichen Wohlverhaltens« unbeirrt mag man weiterhin den Verdacht äußern, das alles sei bloße Attitüde, dahinter sei der machtgierige Pfeffersack unschwer zu erkennen. Am Ende erweist sich dieser Vorwurf als realitätsfern. Denn er unterstellt, es gäbe auf Erden so etwas wie die »reine« Vernunft, unbefleckt von persönlichen Zwecken. Solange Vernunft aber eine menschliche Eigenschaft bleibt, wird sie sich immer nur vermischt mit persönlichen Zielen und Emotionen offenbaren.

Wie ALDI sie als Mittel zum Zweck einsetzt, ist also nicht unlauter, sondern ein kluger und konsequenter Versuch, das Vertrauen einer Bevölkerung zu gewinnen, für die Vernunft möglicherweise eine neue Bedeutung gewonnen hat, und die in Verlags-Untersuchungen landauf-landab als künftig informierter, kritischer und entscheidungsfähiger angepriesen wird.

ALDI macht von diesem Angebot ernsthaft Gebrauch, um sich als eine Marke zu profilieren, die auch morgen noch in unsere Menschen-Landschaft passen möge. Das Vertrauen, das er sich auf diese Weise erwirbt, wird am Ende vielleicht sogar irrationale

Züge von blinder Gläubigkeit tragen. Dann hätte er sein Ziel – würde Hans Domizlaff sagen – erreicht: »Eine Monopolstellung in der Psyche der Verbraucher.« Und Ferdinand Tönnies wäre keineswegs irritiert. Denn er sah in der »Öffentlichen Vernunft« nicht etwa das Ziel einer menschlichen Entwicklung, sondern betrachtete sie als eine in der Gesellschaft wirkende, in allen Menschen mehr oder weniger vorhandene Wesenheit, die in reiner Form höchstens gedacht werden kann, in der sozialen und menschlichen Realität aber stets vermischt erscheint mit jener anderen Wesenheit, die er den »privaten Glauben« nennt.

Also wäre es auch falsch, ALDI als Demonstranten für eine neue Aufklärung, als idealistischen Erzieher unserer Konsum-Gesellschaft zu verherrlichen. Es gilt nur festzustellen, daß er einen eigenen, mit der »Öffentlichen Vernunft« korrespondierenden Weg beschreitet, um das Vertrauen der Öffentlichkeit für sein Waren-Angebot zu gewinnen. Alternativen dazu sind gewiß denkbar. Aber in der Lebensmittelhandels-Landschaft leider nicht erkennbar.

---

1. Hans Domizlaff: Die Gewinnung des öffentlichen Vertrauens; ein Lehrbuch der Markentechnik, Hamburg 1982
2. Ferdinand Tönnies: Kritik der Öffentlichen Meinung, Aalen 1981
3. Lee Iacocca: Eine amerikanische Karriere, Düsseldorf/Wien 1985
4. Günther Anders: Die Antiquiertheit des Menschen, Band 2: Über die Zerstörung des Lebens im Zeitalter der dritten industriellen Revolution, München 1982

Das Medium als symbolischer Marktplatz

Auch so kann man eine Zeitschrift sehen

Wer nach durchzechter Nacht, aber immer noch auf zwei Beinen und in fröhlicher Gesellschaft, seine Schritte am frühesten Sonntagmorgen hinunter zum Hamburger Fischmarkt lenkt und Minuten später in das wohlig warme Gewimmel eines kauf- und schaulustigen, unaufhörlich schwatzenden Publikums eingetaucht ist, dem erschließt sich der Marktplatz als das, was er seit alters her und auch heute noch ist: Eine an Ort und Zeit gebundene Veranstaltung, deren Akteure unmittelbar leiblichen Kontakt zueinander haben. Von Angesicht zu Angesicht tauschen sie sich aus über den Wert der angebotenen Waren, die zum Befühlen, Begucken, Beriechen und Probieren bereitliegen; plaudernd behandeln Bekannte und Unbekannte die große und die kleine Welt; Wildfremde entdecken plötzlich ihre gemeinsame Vorliebe für Fischbrötchen – eine in den eigenen vier Wänden kaum jemals vorkommende Speise; begeistert lauscht man Palmenverkäufern, deren zunehmende Lautstärke den Lagerdruck verrät und Plünderungsinstinkte im Publikum weckt; unversehens reiht man sich in die längste Käuferschlange vor dem keineswegs einzigen Gemüsestand ein, intuitiv schließend, daß die Menge nicht irren kann, hier also die besten Tomaten zu kaufen sind.

Wettbewerb und Fachkompetenz werden groß geschrieben auf diesem Markt, der, überfüllt von gleichartigen Produkten, die Lust am Vergleichen überhaupt erst entstehen läßt und durch die feinen Unterschiede in der Warenpräsentation ebenso wie durch das individuelle Gehabe der Verkäufer Neugierde oder Desinteresse, Vertrauen oder Mißtrauen im vorbeischlendernden Kunden weckt. Das Ganze vollzieht sich fast gleichzeitig, unmittelbar, im direkten Kontakt. Und »Bitte nicht anfassen« heißt es eben nur, weil alles zum Greifen nahe ist.

Das Medium Zeitschrift mit seinen Anzeigen und redaktionellen Beiträgen hat auf den ersten Blick wenig gemein mit diesem Marktplatz. Und doch sind auch hier die beiden Grundfunktionen des Marktplatzes gegenwärtig: Den Horizont möglicher Kaufentscheidungen durch die Vielzahl der angebotenen Objekte zu weiten; und gleichzeitig die Gelegenheit zu bieten, mehr zu erfahren über Menschliches in der Nähe und Ferne.

Der Kontakt zwischen den kommunizierenden Subjekten hat allerdings eine grundsätzlich andere Qualität als auf dem Fischmarkt: Er ist nicht leiblicher, sondern geistiger Natur. Anfassen kann man hier nur das Papier. Die sozialen Beziehungen, die hier angeknüpft werden, sind ausschließlich in der Phantasie lebendig. Der Anbieter denkt sich hinein in einen unsichtbaren potentiellen Käufer. Na, wie wär's? Der Redakteur denkt sich hinein in einen hoffentlich interessierten Leser. Wissen Sie schon das Neueste? Der Leser denkt sich hinein in Bobby Ewing oder Leserbrief-Schicksale. Ist so was möglich? Als Konsument denkt er sich in ein neues Automobil oder in ein paar neue Schuhe. Was werden die Nachbarn sagen oder mein Mann?

Vielfältig ist das Geflecht gedachter sozialer, gewollter Beziehungen auf diesem Marktplatz. Da gibt es die erste Kontaktaufnahme mit einem neuen Produktangebot – man guckt, man denkt, man geht, nein, man blättert weiter, um unversehens einem alten Bekannten zu begegnen, dem Produkt, das man aus eigener Erfahrung zu beurteilen weiß. Da könnte man anderen gut zuraten. Habe ich selbst zu Hause. Auf den Hersteller können Sie sich verlassen. Man erlebt die Lust des Vergleichens. Denn wie auf dem Gemüsemarkt sechzehn verschiedene Tomatenangebote um die Gunst des Publikums buhlen, so stellt sich auch auf diesem symbolischen Marktplatz jede Produktkategorie gleich mit mehreren Offerten vor. Ganz zufällig begegnet man auch dem Herrn Universitätsprofessor, der Unerhörtes zur Umweltbelastung mitzuteilen hat. Und nur ein paar Schritte, nein, ein paar Blätter weiter wärmt sich das Herz am Klatsch und Tratsch, am

Glück und Unglück vertrauter Medienstars und gewinnt so ein innigeres Verhältnis zu ihnen. Wie gesagt – all dies geschieht nur in der Phantasie, diesem wichtigsten Sozialorgan des Menschen.

Ohne die unglaubliche Phantasie-Begabung aller Beteiligten ist ein symbolischer Marktplatz wie HÖRZU gar nicht denkbar. Erst die Einbildungskraft macht's möglich, daß Anbieter und Käufer, Produkt und Interesse sich unabhängig von Ort und Zeit begegnen. Ganz unmittelbar übrigens; denn hier stellt sich kein Händler zwischen sie, der das Sortiment nach eigener Façon gestaltet und damit Beziehungspolitik betreibt. Hier kommen Produkt und Kommunikation noch direkt vom Erzeuger.

Allein die Phantasie macht's möglich, daß massenhaft hergestellte Produkte gleichzeitig einer genügend großen Masse von Menschen angeboten werden können, ohne daß es einer Massenveranstaltung bedarf. Denn das wiederum ist das Eigentümliche des symbolischen Marktplatzes: Der Leser darf sich ganz allein darauf umtun; unbeobachtet und ungestört darf er stehenbleiben, weitergehen und sich als einzelner angesprochen fühlen. Das Massenmedium ist selbst dort, wo es Werbung vorführt, ein Instrument individueller Begegnung. Weshalb sich übrigens der Leser durch einen ungebetenen Mitleser ebenso unangenehm berührt fühlt wie ein Kunde, in dessen Kaufgespräch ein Fremder sich unversehens einmischt.

Aus der Entscheidung, ein Produkt symbolisch zu Markte zu tragen, entstehen besondere und innige Beziehungen zum späteren Käufer. Obwohl er nämlich in den Marketing-Etagen nicht persönlich bekannt oder gegenwärtig ist, kreist das Denken und Fühlen der Produktmacher doch unaufhörlich um ihn. Als eine gedachte Größe wird er psychologisch durchleuchtet; seine Motive, Stimmungen und Wertsysteme werden ausgeforscht; er wird beim Kaufen und Konsumieren belauscht; sein sozialer Status, sein Milieu, sein Bildungsstand und seine Einkommensverhältnisse werden ermittelt. Möchte man das Produkt doch ganz nach seinen Wünschen gestalten. Weil man aber seiner nicht wirklich habhaft werden kann, nimmt man statt dessen Testpersonen, die ihm statistisch ähnlich sind, um aus ihrem Verhalten dann auf ihn und Millionen andere zu schließen. Wiederum ein Akt der Phantasie, ein gewaltiger Versuch, sich Menschen als ökonomische Größen zu denken.

Intensiver kann man sich wohl kaum auf eine soziale Kontaktaufnahme vorbereiten. Verglichen damit ist selbst der Stammkunden-Kontakt auf dem realen Marktplatz – Guten Morgen, Frau Werner, wie geht's? Was darf's heute sein – eine höchst oberflächliche Angelegenheit.

Mit dem Gang auf den symbolischen Marktplatz verwandelt sich zugleich auch die Art und Weise, in der die Anbieter ihre ökonomischen Absichten mitteilen. Sie ist nicht mehr mündlich und flüchtig, sondern gedruckt und manifest. Die Ware wird nicht mehr real, sondern symbolisch angeboten. Dieser Wechsel bringt die Texter und Grafiker der Werbeagenturen ins Spiel. Derselbe Marketing-Manager nämlich, der sein Produkt an der Haustür oder auf einem Marktplatz überzeugend zu verkaufen wüßte, überläßt diese Arbeit den Kreativen, sobald sich die Käufer zu einer anonymen Masse verdicken und aus dem Marktstand die Anzeige wird.

Die Schöpfungen der beauftragten Wort- und Bildkünstler spiegeln ihrerseits eine tiefe soziale Verbundenheit wider. Denn auch sie sind begleitet von einem ständigen Sich-Hineindenken in den Kunden, nun als Leser. Man reflektiert seine Wahrnehmungsgewohnheiten, seine Vorlieben für Farben und Formen, seine Identifikationsmuster, sein intellektuelles Vermögen und seine Vorstellungskraft. Schließlich soll er gerade bei meinem Angebot stehen bleiben, sich angesprochen und umworben fühlen.

Deutlicher noch als auf dem Markt, der heute Kunstwerke kommerzialisiert und erfolgreiche Maschen glorifiziert, ist der Kunstschaffende auf dem symbolischen Marktplatz für Konsumgüter und Dienstleistungen nicht mehr Herr über sein Werk. Nicht, weil er einen Auftraggeber hat, der ihn bezahlt und verbessert – das ließen sich auch Rembrandt, Michelangelo und Shakespeare gern gefallen –, sondern weil ein Millionenpublikum ständig an seinem Schaffensprozeß beteiligt ist. Die Anzeigen dieser HÖRZU-Anthologie sind keine autonomen, aus innerer Notwendigkeit geformten Kunstwerke. Sie gehören, um mit Paul Valery zu sprechen, nicht zu den Schöpfungen, die »dazu neigen, ihr Publikum allererst zu erzeugen, sondern vielmehr zu den Werken, die gleichsam von ihrem Publikum, dessen Erwartungen sie erfüllen, geschaffen und somit von deren Kenntnis nahezu determiniert sind.« Die Kunst besteht dann wohl eher darin, das Geflecht vielfältiger sozialer Beziehungen und Zwänge in wirkliche und wirksame Gestaltung zu übersetzen, ohne diese Verbundenheit jemals real und leiblich zu erfahren. Denn real ist auf unserem symbolischen Marktplatz nur eins: die Anzeige, das bedruckte Blatt Papier. Und die Drucker sind in diesem Soziotop die einzigen Realisten. Alle anderen bleiben Phantasten.

Das verramschte Symbol
Marken zwischen Klasse und Masse

Das Ungeheuerliche ereignete sich an einem Donnerstag. Ein Drogeriemarkt-Besitzer brüllte es grellrot in einer Boulevardzeitung heraus: Luxusklasse zu Klasse-Preisen. In seiner Aktionsanzeige bot er neben Höschenwindeln, Tampons, Strumpfhosen und Gebißreinigern noble Parfum-Marken wie Halston und Hermès, First und Lanvin weit unter den als verabredet geltenden Preisen feil. Das etablierte Bürgertum erschauerte. Die Insignien elitärer Existenz büßten über Nacht ihren Exklusivitäts-Anspruch ein und verloren schlagartig an Wert.

Weniger aufgeregt zeigten sich jene Gruppen der Gesellschaft, die als »alte Eliten« selbst über kulturgeschichtlich gesicherte Insignien verfügen – die Kirche, der Adel, das Militär. Denn ihre Kutten, Wappenringe, Uniformen sind nicht käuflich und also vor dem Einbruch des Massenhaften einigermaßen geschützt. Der Bürger aber, dem nicht Glaube, Gesinnung oder Geburt, sondern Geschäftstüchtigkeit den gesellschaftlichen Platz zuweist, kauft sich seinen Ornat auf dem Markt; und da kann sich in einer freien Gesellschaft jeder – das gehörige Einkommen vorausgesetzt – bedienen.

Ob Kleidung oder Schmuck, Automobil oder Wohnmöbel – jeder kann mit dem erworbenen Objekt auch Selbstdarstellungsbedürfnisse befriedigen, sein Ich im sozialen Raum definieren und die eigene Person gegen andere abgrenzen. Bedingung ist allerdings, daß sich die Objekte als »Marken« deutlich genug positioniert haben; durch Werbung, durch Distributions- und Preispolitik, und schließlich durch die kaufende Klientel selbst; denn auch die Markenverwender prägen das Image einer Marke.

Im distinguierenden und dekorativen Spiel mit anspruchsträchtigen Markensymbolen entwickeln die »neuen Eliten« nicht nur eine zunehmende Lust am Luxus und ein außerordentlich feines

Gespür für die aktuellen Wertigkeiten, dieses Spiel läßt auch einen ernstzunehmenden Bedeutungszusammenhang zwischen der Innenperson und ihrer symbolischen Einkleidung entstehen. Karl Marx geht sogar soweit, für den Privateigentümer und exklusiven Besitzer festzustellen: »Das Privateigentum ist sein persönliches, sein ihn auszeichnendes, darum sein wesentliches Dasein.«[1] Die Selbstentäußerung im gegenständlichen Symbol erweist sich dabei als schöpferischer Vorzug gegenüber Gesellschaften, die vorrangig innere Werte und reine Geistigkeit beschwören.

Seine Entwicklungsschübe und seine Brisanz erhält das Spiel mit den Symbolen allerdings erst durch jenes urmenschliche Bedürfnis nach Ungleichheit, das in vielfältigen »Strategien des Überholens und Überbietens«[2] seinen sichtbaren Ausdruck findet, und die dominanten Fraktionen zugleich so empfindlich auf das Einholen und Gleichziehen reagieren läßt wie an jenem Donnerstag.

Höchst einfach stellen sich die Vermarktungsstrategien der symbolträchtigen Nobelmarken in aller Welt dar: Im Gegensatz zum Massenkonsumgut, das auf große Stückzahlen und Ubiquität versessen ist und sich in dieser Vermassungsspirale selber gefangenhält, folgen sie dem Prinzip der Verknappung und der Nicht-überall-Erhältlichkeit.

Die kleine Stückzahl kann durchaus »natürlich« begründet sein, wie etwa bei der »Grande Complication«, jener Taschenuhr der International Watch Company, von der nur vier Exemplare im Jahr von Hand gefertigt und zum Preis von 360.000,– DM erworben werden können. Sie kann aber auch »künstlich« herbeigeführt werden, wie bei den Hemden des Monsieur René Lacoste: »Anders als der Mitbewerber Fred Perry, der durch Massenfertigung ohne strenge Qualitätskontrolle seine führende Stellung einbüßte, liefert Lacoste weniger als der Markt aufnehmen könnte. Das sichert dem Handel einen schnellen Lagerumschlag und schöne Spannen, weil der Nachfragedruck Überhänge und Abschriften verhindert.«[3] Das Krokodil taucht auch deshalb niemals auf den Grabbeltischen der Schlußverkäufe auf.

Den Vertrieb auf wenige ausgesuchte Geschäfte zu beschränken, und nicht in jedem x-beliebigen Laden vertreten zu sein, ist ebenfalls eine bewußte strategische Entscheidung der Markenwächter des gehobenen Genres. Obwohl die bundesrepublikanischen Gesetze die Hersteller theoretisch zwingen, jeden Händler zu beliefern, finden sich in der Praxis doch Beispiele für eine gut funktionierende Vertriebsbindung. Das Depot-System macht's möglich. Und jeder Händler, der als Depositär geadelt und durch Vertrag zum pfleglichen Umgang mit dem anvertrauten Markengut verpflichtet wird, darf sich getrost zur Elite seiner Branche gehörig fühlen. Groß ist die Versuchung, den exklusiven Markenraum zu dehnen. Sirenengleich winkt die Verlockung, aus der öffentlichen Begierde Kapital zu schlagen und unter der Flagge eines großen Namens auch in den Gefilden der weniger Privilegierten Umsätze einzufahren.

Yves Saint Laurent beglückt inzwischen die Kunden eines Bekleidungskaufhauses mit seinen Initialen, und Cartier-Chef Alain Perrin brachte unter dem Begriff »Le must« eine Produktlinie für den gehobenen Mittelstand auf den Markt: »In einer Zeit, in der es kaum noch Superreiche gibt, haben wir Le must entwickelt. Andere hielten das für einen schweren Fehler. Aber Le must hat uns weit nach vorne gebracht.«[4] Ähnlich gelassen wollen die Urenkel von Thierry Hermès ihr ausuferndes Geschäft mit den Bestsellern des Hauses betrachtet wissen: »Die Seidentücher sind unser demokratisches Produkt.« In der Tat: Die 90 mal 90 Zentimeter großen Seidenfoulards mit den Reiter- und Pferdemotiven, Jagdszenen und Blumendesigns zieren alte wie junge Hälse, bürgerliche wie gekrönte Häupter. Das elegante Stammhaus an der Ecke Faubourg/St. Honoré hat für diese Demokratisierung allerdings mit atmosphärischen Mutationen zu bezahlen: »Hier geht es zu wie bei Karstadt am Grabbeltisch im

Ausverkauf. In Dreierreihen drängeln sich Frauen aller Altersgruppen um einen Tresen in der Mitte des verwinkelten Raumes. Mit schmuckglitzernden Fingern wühlen sie in kostbaren Seidentüchern, zerren sich gegenseitig die feinsten Foulards aus den Händen.«[5]

Wie leicht popularisierendes Marketing ins Auge gehen kann, ist in der Spiegel-Story des weltberühmten Juwelierhauses Tiffany beispielhaft nachzulesen: »Präsident Lincoln kaufte hier ein Perlenhalsband für seine Gattin Mary. Der Millionär J.P. Morgan bestellte goldenes Tafelservice. Die liebestollen Bewunderer der Diva Sarah Bernard pflegten hier kleine Aufmerksamkeiten zu erstehen, einen drei Meter hohen Silberspiegel etwa oder ein juwelen-bedecktes Fahrrad. Das Juwelengeschäft Tiffany & Co. auf New Yorks eleganter Fifth Avenue war nicht nur Symbol für die naiv-verschwenderische Opulenz der neuen Welt. Es hatte inzwischen auch die feine Art von Cartier erworben. Doch der Ruf des Klasse-Juweliers ist Tiffany in den letzten Jahren zusehends abhanden gekommen. Wo einst eine elegante Käuferschicht im Vierspänner vorfuhr und zwischen juwelenbesetzten Schnurrbartkämmen, silbernen Trillerpfeifen und eingelegten Peitschengriffen wählte, da drängt sich heute eher sparsames Publikum.

Der Grund für Tiffanys Abstieg: seit 1979 war die Firma nicht mehr das gemütliche Familienunternehmen von einst, sondern eine Tochter des Kosmetik-Giganten Avon Products Inc. Es war ein Kontrast, der sich größer kaum denken läßt: Das elitäre New Yorker Schmuckhaus und Amerikas größter Vertrieb preiswerter Kosmetika, dem mit seinem An-der-Tür-Verkauf von Hausfrau zu Hausfrau der Geruch provinzieller Kleinbürgerlichkeit anhängt. Der sollte wohl auch bei Tiffany einziehen. Kaum hatte Avon den Juwelenzwerg erworben, wurde er auch schon auf Avon-Linie gebracht. Tiffany druckte Kreditkarten und gab sie an viele zahlungskräftige Käufer aus. Früher dagegen durften nur betuchte Stammkunden über ein eigenes Tiffany-Hauskonto abrechnen – und sich damit einem handverlesenen Zirkel zurechnen.

Die Tiffany-Manager, einst arrogant und exklusiv, warben nun um die Masse, wollten es allen recht machen. Warnende Stimmen über diese neue Strategie ertönten schon im vorigen Jahr. Ich frage mich, ob die nicht zu sehr aufs Popularisieren aus sind, meinte ein Sprecher der Wall-Street-Broker, Merill Lynch. Eine Angestellte der Investmentbank Morgan Stanley wurde noch deutlicher: Man kann aus Tiffany nicht einfach ein Geschäft für die obere Mittelklasse machen und ungestraft davonkommen.«[6] Der innerhalb von nur fünf Jahren eingetretene Wertverlust dieses »Edelladens« belief sich auf 21 Mio. $. Avon hatte 157 Mio. investiert und konnte beim Wiederverkauf gerade noch 136 Mio. $ erlösen.

Nicht immer droht Gefahr aus dem eigenen Marketing-Willen der Marken-Inhaber. Ebensooft und immer häufiger kommt heute die Gefahr von außen. Geradezu verheerend wirkt sich zum Beispiel das Treiben internationaler Markenpiraten aus, die ohne Legitimation und alle Qualitätsregeln mißachtend billige Plagiate in Massenauflage produzieren und über dunkle Kanäle verbreiten. Diesen Wirtschaftskriminellen hat man inzwischen den (fast aussichtslosen) Kampf angesagt.

Nachsichtiger und diplomatischer stellt sich der Umgang mit einer anderen externen Gefahrenquelle dar, den Händlern. Den auf große Umsätze und weniger auf hochpreisige Exklusivität angelegten Typen dieses Geschäftszweiges wohnt eine legitime Tendenz inne, in den Sozialraum elitärer Marken einzubrechen und ihn für ein breiteres Publikum zugänglich zu machen. Der eingangs zitierte Drogeriemarktketten-Besitzer vertritt einen solchen Typus. In seinen Discount-Läden findet sich eine nur notdürftig gegen das übrige Sortiment abgeschirmte Verkaufsecke mit den Kosmetik-Marken der Großen Welt zu permanent niedrigen Preisen. Von der gepflegten, durch gekonnt geschminkte Fachkräfte ebenso wie durch ein verwöhntes Publikum geprägten Atmosphäre einer Parfümerie keine Spur. Stattdessen Neonlicht, Plastiktüten und Klopapier im Dutzend. – Wegen ihrer andauernden, vielleicht sogar ungewollten Präsenz in diesen Outlets büßte Helena Rubinstein am 15. Dezember 1984 ihre Preisbindung ein. Kein unbeträchtlicher Schaden für das Ansehen der Marke und den Betriebsgewinn des Unternehmens.

Wenige Jahre zuvor schrillten bei Cartier die Alarmglocken: Der Großhandelsriese METRO bot seinen Kunden in der Non-Food-Abteilung per Lautsprecherdurchsage echte Cartier-Uhren um tausend Mark billiger an. Der schreckliche Gedanke, eine solche Pretiose demnächst am Handgelenk eines Imbißbuden-Besitzers zu sehen, ließ die Cartier-Leute sofort handeln und dem Spuk rasch ein Ende machen. Danach erst begann die detektivische Arbeit: Woher hatte METRO bloß die Dinger?

Mit der Empfindlichkeit von Seismographen registrieren solche Nobelhäuser inzwischen selbst harmlos erscheinende Verstöße gegen das Gebot, beim Verkauf ihrer Produkte für ein angemessenes Umfeld, für eine lustfördernde Waren-Präsentation und persönliche Beratung zu sorgen. So wurde einem ihrer Großabnehmer, einem Juwelen- und Uhrenhändler, untersagt, seinen Umsatz außerhalb der lizensierten Verkaufsräume durch Kataloggeschäfte per Nachnahme auszuweiten.

Ungeachtet strenger Auflagen, getrieben nur von dem einen Wunsch, ihre Geschäfte mit den Emblemen der High Society schmücken zu dürfen, stehen Händler Schlange, um sich als Vertriebspartner zu bewerben. »Auf der Warteliste von Lacoste . . . stehen über 200 Namen, mancher droht schon mit dem Anwalt, um seine Belieferung zu erzwingen. Doch Robens (der deutsche Verkaufsdirektor von Lacoste) will seine Absatzmittler nach Gusto und Qualitätskriterien aussuchen.«[7] Ähnliches verabredete der Zigarrenkönig Zino Davidoff mit dem Hamburger Traditionshaus Reemtsma, als er ihm die Lizenz zur Herstellung und zum Vertrieb einer Davidoff-Cigarette erteilte: In Deutschland solle dieses Nobelprodukt nur durch fünfhundert ausgewählte Fachgeschäfte verkauft werden – und keines mehr. Obwohl das teure Räucherstäbchen keine großen Umsätze erwarten läßt und nur bei einer solchen Begrenzung der Absatzstellen ein befriedigender Warenumschlag gewährleistet und ein Vertrocknen des empfindlichen Produkts zu verhindern ist, drohte den Hamburgern Ungemach. Einige Zigaretten-Händler wollten partout nicht einsehen, warum sie nicht zu den Ausgewählten gehören.

Wozu dieses ganze Abgrenzungstheater, das nicht nur durch hohe Preisschwellen, sondern bereits durch die kultische Überhöhung der Erwerbshandlungen Schwellenängste auslöst, die das unerwünschte vom erwünschten Publikum fernhalten; und dafür sorgen, daß das Edelmarken-Produkt nicht in »falsche« Hände gerät?

Um Antwort zu finden, vergegenwärtige man sich, daß gerade die Objekte und Manieren des kulturellen Konsums – ob Kunst oder Kosmetik, Kleidung oder Küche – sich »glänzend eignen zur Erfüllung einer gesellschaftlichen Funktion der Legitimierung sozialer Unterschiede«.[8] Im Kultur-Konsum manifestieren sich schichtenspezifische Lebensstile und Geschmacksrichtungen, deren Vermengung von jenen als unerträglich empfunden werden muß, »die sich für die Inhaber des legitimen Geschmacks halten.«[9] Diese »ästhetische Intoleranz« gilt auch für die Art und Weise, in der man sich ein Objekt aneignet. So verwundert es nicht, daß sich der Millionär Duke Habernickel enttäuscht von Avon-Tiffany abwandte, als er dort »mit einer Nummer in der Hand Schlange stehen mußte, bevor er überhaupt bedient wurde.«[10] Die Supermarkt-ähnlichen, entweihenden und subjektiv entwürdigenden Einkaufsbedingungen dürften ihn empfindlich gestört haben.

Eine strukturell vergleichbare Erfahrung prophezeit der Soziologe Helmuth Schoeck dem Hamburger Opernchef Rolf Liebermann, »der sein Haus volksnah gestalten und die Masse der mittelguten und annehmbaren Plätze zu Niedrigstpreisen minderbemittelten jungen Leuten nachwerfen möchte.« Liebermanns Rechnung sei falsch: »Auch die exklusive Operngemeinde auf den teuersten Plätzen bleibt am Ende fort, wenn sie kein kongeniales

Publikum mehr im Rücken hat, sondern Lederjackenleute, die sich zum Preis einer Kinokarte in der Oper bloß einen Jux machen wollen.«[11]

Wer die Stätten des kulturellen Konsums durch derartige Stilbrüche entsakralisiert, wer objektive und subjektive Hemmschwellen abbaut, um einem gemischten Publikum mit seinen groben Manieren Zugang zu den Sozialräumen der Eliten zu verschaffen, versündigt sich gegen das geradezu leibliche Bedürfnis der Happy Few, ihre gesamte kulturelle Praxis zu verfeinern und zu ästhetisieren und sich dadurch selbst zu klassifizieren. So mißmutig diese Klasse jede Ein-Mischung der Masse in stilisierte Erwerbshandlungen quittiert, so allergisch reagiert sie selbstverständlich auch auf eine massenhafte Verbreitung der distinguierenden Objekte selbst. Weil diese damit ihren Sozial-Nutzen verlieren, nämlich symbolisch den Anschluß an eine bestimmte gesellschaftliche Gruppe herzustellen, bzw. sich von anderen Gruppen zu distanzieren.

Der Vorgang der Vermassung ist als eine Enteignung von sublimer Art zu begreifen. Weil der persönliche Besitz und der objektive Gebrauchsnutzen des Marken-Produktes zwar gewahrt bleiben, aber dennoch ein rapider Wertverlust eintritt. Eine Mondphasen-Uhr von Blancpain am Arm eines Fabrikbesitzers zeigt immer noch pünktlich die Zeit an, auch wenn dasselbe Modell unvermutet am Handgelenk eines Bordellbesitzers auftaucht. Als Gesellschaftsaktie allerdings erlebt sie einen Schwarzen Freitag.

Wie heftig und im ursprünglichen Sinne des Wortes peinlich eine solche Enteignung des materiellen Besitzes erlebt werden kann, offenbart sich in jeder Abendgesellschaft, sobald zwei Damen im gleichen Kleid nichtsahnend aufeinandertreffen. Wer das Geld für ein Modellkleid, ein Unikat, nicht ausgeben will oder kann, wer von der Stange, also ein vervielfältigtes Produkt kauft, ist dieser Gefahr zumindest theoretisch immer ausgesetzt. Stellvertretend läßt Antoine de Saint-Exupéry seinen Kleinen Prinzen diesen Einbruch des Massenhaften in ein individuell gedachtes

Besitzverhältnis erleben: Die Rose, in die er sich verliebt, hatte ihm erzählt, daß sie auf der ganzen Welt einzig in ihrer Art sei. Doch als er später an einen blühenden Rosengarten kommt, muß er feststellen: »Da waren fünftausend davon, alle gleich, in einem einzigen Garten! Sie wäre sehr böse, wenn sie das sähe, sagte er sich; sie würde fürchterlich husten und so tun, als stürbe sie, um der Lächerlichkeit zu entgehen. Dann sagte er sich noch: Ich glaubte, ich sei reich durch eine einzigartige Blume, und ich besitze nur eine gewöhnliche Rose. Das macht aus mir keinen sehr großen Prinzen. Und er warf sich ins Gras und weinte.«[12]

Der exklusive Anspruch mag noch so hoch sein – jedes Marken-Produkt ist eine solche Rose. Darüber können auch die bekannten Beschwörungsformeln der Einzigartigkeit und der Wertsicherung in den Werbetexten nicht weghelfen: die Fertigung von Hand, die streng limitierte Auflage, die Numerierung jedes Einzelstücks, die Eintragung des Käufers in eine »Stammrolle« oder die lebenslange Garantie. Der Sozialraum eines elitären Marken-Symbols läßt sich, solange es allgemein käuflich ist, nicht wirklich stabilisieren.

Daß es so kommt, wie es kommen kann, dafür hat Ortega y Gasset im »Aufstand der Massen« eine für unser Zeitalter gültige Erklärung geliefert: »Erstens, die Lebensmöglichkeiten, die heute den Massen offenstehen, decken sich zum großen Teil mit denen, die früher den wenigen vorbehalten schienen. Zweitens, gleichzeitig lassen sich die Massen von den Eliten nicht mehr führen, sie verweigern ihnen Gehorsam, Gefolgschaft, Respekt, sie tun sie ab und nehmen selbst ihren Platz ein . . . Die Masse besetzt die Lokale, benutzt die Geräte, genießt die Vergnügungen, die ehedem nur den wenigen zustanden.«[13] Wer ihr zu Willen ist, wird sich über steigende Produktionsziffern nicht beklagen können. Man sollte nur nicht versäumen, den vertriebenen Eliten neue, noch nicht verramschte symbolische Objekte zu offerieren. Denn die Eliten sind eine zuverlässige, wenn auch eigensinnige Quelle des Geschäfts.

Sie sind bereit, über jede noch so hohe Preisschwelle hinwegzusteigen, wenn ihnen mit dem Produkt auch ein exklusiver Sozial-Nutzen garantiert wird. Und wenn der Wertverlust in diesem Bereich wegen nachdrängender, in den elitären Sozialraum eindringender Gesellschaftsgruppen schon nicht aufzuhalten ist, dann fordern sie eben neue, wiederum und zunächst ihnen allein vorbehaltene Angebote, mit deren Hilfe sie sich der Umarmung der Massen unversehens wieder entziehen dürfen.

Dieses dialektische Gesellschaftsspiel enthält insofern nicht nur eine Warnung vor der Vermassungs-Strategie, sondern eine ebenso deutliche Herausforderung an Produkt- und Marken-Macher, sich schöpferisch an den Bedürfnissen der Eliten zu orientieren und auf dem Jahrmarkt des Lebens und der Eitelkeiten für die kulturbildende Spannung zwischen Oben und Unten zu sorgen. Dargestellt durch Produkte erhält sie nämlich jene Liebe zum Luxus am Leben, die Werner Sombart zur eigentlichen Triebfeder des Kapitalismus erklärt hat.[14]

Wem diese Begründung zu philosophisch erscheint, der halte sich an das, was Chrysler-Chef Lee Iacocca den Marketing-Managern von heute selbstbewußt und zynisch ins Stammbuch geschrieben hat: »Um sich abzusichern, braucht man immer ein Auto für den kleinen Mann . . . Aber dann braucht man auch Autos der Luxusklasse, denn man weiß ja nie, wann der kleine Mann seinen Job verliert. Auf eines scheint man sich in den Vereinigten Staaten selbst während einer Rezession verlassen zu können, nämlich daß die Reichen reicher werden. Deshalb muß man immer Leckerbissen für sie bereithalten.« Nur eben den Appetit darf man ihnen nicht verderben.[15]

---

[1] Zitat nach Pierre Bourdieu: Die feinen Unterschiede, 1984, S. 438

[2] Bourdieu, a.a.O., S. 441

[3] Manager Magazin, 12/1985, S. 113

[4] Alain Perrin in einem ARD-Fernsehinterview mit Karin von Faber am 5. August 1985

[5] Manager Magazin, a.a.O., S. 113

[6] Der Spiegel, 38/1984, S. 162 ff.

[7] Manager Magazin, a.a.O., S. 113

[8] Bourdieu, a.a.O., S. 27

[9] Bourdieu, a.a.O., S. 106

[10] Der Spiegel, a.a.O.

[11] Helmut Schoeck in einem Beitrag für DIE WELT

[12] Antoine de Saint-Exupéry: Der Kleine Prinz, 1984, S. 47 f.

[13] José Ortega y Gasset: Der Aufstand der Massen, 1984, S. 11 ff.

[14] Werner Sombart: Liebe, Luxus und Kapitalismus, 1985, S. 118

[15] Lee Iacocca: Eine amerikanische Karriere, 1985, S. 118

Global Marketing
Die neue Internationale der Marken und ihrer Manager

Die Zeiten des »made in Germany« sind für viele Produkte längst passé. Ihr Markenname ist zwar immer noch unzweifelhaft deutsch, hergestellt aber werden sie in irgendeiner zentralen Produktionsstätte, die z.B. für alle deutschsprachigen Länder zuständig ist, oder in sogenannten Niedriglohn-Ländern. Die Gründe für die Spaltung zwischen Marken-Herkunft und Produkt-Herkunft sind einsehbar: Standardisierte Herstellung, Kostenreduktion. Solche Art der Internationalisierung wird von den Firmen gern verdeckt, gilt sie doch als wenig imagefördernd. Hongkong-Ware gilt im Textilkaufhaus eher als Synonym für billige Massenprodukte; im Uhrenbereich eher als Merkzeichen wertloser Marken-Imitation.

Geradezu gegensätzlich verhält es sich mit vielen Waren insbesondere des gehobenen Konsums, deren internationale Herkunft Ausweis ihrer sozialen Geltung ist. Ein Parfum, das nicht ein bis drei Weltstädte – Rom, London, Paris, New York oder Mailand – im Absender nennt, kommt kaum noch über die Schwelle einer Großstadt-Parfümerie. Eine Spirituose, die bloß aus Deutschland stammt, wird sich kaum im Regal eines renommierten Barmixers finden (Fragen Sie ihn doch mal nach »Racke rauchzart«); alle Cigaretten mit nennenswerten Zuwachsraten in den letzten Jahren sind Auslandsmarken (Marlboro, Camel, Dunhill, West, Prince Denmark). Für die Bekleidungsindustrie ist das Phänomen in jeder Boutique nachvollziehbar: Alle Farben dieser Welt. Benetton. Das Publikum registriert nicht nur die fremdländische Herkunft der Produkte mit Wohlgefallen; es labt sich auch an deren internationaler Verbreitung. Verspricht sie doch eine neue, das Lokale transzendierende Sozialität.

Das Lokale, vielleicht darf man zuspitzend den Begriff nutzen:

das Gemeinschaftliche, weil leiblich Unausweichliche, behält für manche Branche dennoch seinen Wert. Auf dem Wochenmarkt sind »unsere Eier«, »unsere Kartoffeln«, im Badischen und Fränkischen ist »unser Wein« noch immer das Bessere. Hersteller, Händler, Käufer kennen sich. Die Produkte tragen das Erbe und die Kultur langer Gewohnheit mit dem Gleichmut der Alternativelosigkeit.

Mit dem internationalen, global vertriebenen Markenprodukt löst sich diese Gemeinschaft der Leiber auf in eine Gesellschaft der Geister, die ihre Phantasie freisetzt und sich in den Attributen ihres Konsums Gestalt gibt. Wenn Ferdinand Tönnies den Kaufmann als den ersten freien Menschen bezeichnet, weil »er frei ist von den Banden des Gemeinschaftslebens und seine Tätigkeit schließlich auf den Weltmarkt konzentriert«,[1] so darf man ihm die globale Marke getrost als das »erste freie Produkt« zuordnen. Denn an ihr kristallisiert sich eine utopische Gesellschaft, die sich allerdings dank der sinnlichen und emotionalen Eigenschaften der Produkte doch auch als in gewissen Facetten gemeinschaftlich verbunden erlebt. Die Marke als neuer, gemeinschaftsgefärbte Gemeinsamkeit stiftender Topos. Die Rolex als das Brot, die Coca-Cola als der Wein zum Abendmahl einer neuen Internationalen.

Damit ist sie durchaus Basis für ökonomisches Handeln im Weltmaßstab; wissend, daß jene asoziale Exklusivität, die den Nachbarn, ja sogar den Freund ausgeschlossen wissen will, in jedem Land der Erde genügend Liebhaber findet, um sich betriebswirtschaftlich rechnen zu lassen. Mit den Worten eines internationalen Herstellers: »Durch die weltweite Kommunikation und die Rasanz des Kommunikationsaustausches werden Unterschiede, die sich aus der räumlichen Distanz ergeben haben, unbedeutender. Faktoren, die die soziologische Schichtung verursachen, wie z.B. Bildung, Alter oder Ausmaß der Urbanität, werden stärker unterschiedliche Bedürfnisstrukturen erklären als die Nationalität. Das bedeutet, daß die Bildung der Märkte immer landesgrenzen-unabhängiger wird. Nicht nur die Hit-Listen der Welt werden immer ähnlicher – auch Geschmack, Mode, ja auch Eßgewohnheiten werden durch globale Kommunikation immer uniformer . . . So können atomisierte Märkte durch die ›Weltvergrößerung‹ zu Massenmärkten werden.«[2]

Internationale Marken benötigen Produzenten und Distributoren von internationalem Zuschnitt. Leichter gesagt als getan. Denn die meisten Unternehmen dieser Art haben als nationale begonnen und mit der Fremde ihre Probleme. Am besten ergeht es noch jenen, die es seit langem international treiben und durch einen ununterbrochenen weltweiten Personal-Wirbel, ohne Rücksicht auf Stammeszugehörigkeit oder Seßhaftigkeit, eine firmenspezifische supranationale Mentalität gebildet haben.

»Als Philips-Chef habe ich keine Nationalität, okay?«[3] erklärt der holländische Vorstandsvorsitzende der Philips-Gruppe. Diese Firmen gleichen riesigen Bünden, gleichen einem Volk, das sich in alle Winde zerstreut und sich doch immer am Habitus, spätestens an der Arbeitsweise erkennt. Sind hier vielleicht Elemente dessen sichtbar, was der Soziologe Tönnies ja auch am allgemeinen Versicherungswesen zu entdecken meinte und was ihm Fasern einer über intensivierte gesellschaftliche Beziehung entstehenden, nun wiederum gemeinschaftlichen Verbundenheit waren? Also ein Beleg für das Ideenbild, daß die vollendete Urbanität gleichzeitig als vollendete, weil höchst entfaltete Gemeinschaft gedacht werden könne?

Die Firma Procter & Gamble mag hier als Paradigma einer derartigen kommerziell interessierten und organisierten Gemeinschaft gelten, die zwar rechtlich und auch im Sinne einer (vielleicht oftmals zu grundschulhaft verwendeten) Tönnies'schen Begrifflichkeit als Gesellschaft klassifiziert werden muß, die aber die Anonymität dieses Gesellschaftlichen längst verfestigt hat in den anschaulichen Formen des Gemeinschaftlichen. Ein bis in die Wäsche eingefärbter Procter-Mann lebt – wo auch immer – im Procter-Land, das überall da ist, wo sich die Procter-Mentalität ihre Enklaven geschaffen hat. Mit dem jeweils anderen arrangiert man sich, läßt sich aber nicht überfremden – ein selbstbewußtes Volk! Man nutzt lokale Besonderheiten, aber assimiliert sich nicht. Indem jede Procter-Filiale Heimat ist, wird Orientierung nicht zum Problem. Damit es so bleibt, wird in dieser Kulturlandschaft Wildwuchs kaum zugelassen. Die Logik einer weltweit bewährten Effizienz schafft nicht nur akkurate Reihen von Nutzbäumen, sondern auch betriebswirtschaftliche Strukturen, deren Akkuranz keine Orientierungsschwierigkeiten aufkommen läßt.

Der gesellschaftliche Zweck heiligt die gemeinschaftliche Methode – lästert so die ideologische Kritik? Was aber, wenn darin tatsächlich nur das andere Epizentrum des umgekehrten Gedankenvorschlages liegt: daß Gemeinschaften jeweils gesellschaftliche Ziele verfolgen? Denn existieren Heimat und alle damit verbundenen Ansprüche nicht geradezu in diesem übertragenen Sinne, seit die Welt durch Düsenflugzeuge zum globalen Dorf geworden ist?

Dies scheint ein strukturelles Ereignis der Moderne zu sein. Wenn der Internationale Gewerkschaftsbund in diesem Sinne keine Heimat zu bieten vermag, dann sind die Gründe sicherlich komplex. Ein Gesichtspunkt verdient in diesem Kontext hervorgehoben zu werden: Das Gesellschaftliche, das Zweckrationale, das Anonyme bedarf der Formgebung, des anschaulichen Zusammenhanges, der Menschen, die sich in ihrem Anderssein und in ihrem Sosein kennen und akzeptieren. Dann erst vermag das Reich des Geistes, der Ideen und der Zwecke, die Ruhe und Sicherheit zu bieten, wie es auch die Familie vermag, die ihre Heimat kennt und liebt und vor diesem Horizont ihre Aktivitäten entfaltet.

Die meisten Konzerne tun sich noch schwer, das Netz sozialer Verbundenheit nicht nur über ihre Märkte, sondern auch über die eigene Firma zu werfen. Internationale Gesellschaften, die im Tönnies'schen Sinne »gesellschaftlich« bleiben, und deren Mitglieder vorrangig auf vertraglicher, zweckrationaler Basis zusammen- und nationalbewußt oft sogar gegeneinander arbeiten, werden die verpflichtende Solidarität der Gemeinschaft kaum erleben. Das Streben danach zeigt sich gleichwohl in dem Bemühen, nicht nur die Produkte als Marke zu etablieren, sondern auch den Konzern selbst. Dies mag einen Drahtseilakt darstellen und – ideologiekritisch – verwerflich sein. Aber auch sozialer Hunger will gestillt sein.

»Die angenehme Wärme sozialer Integration«[4] entsteht aus dem Gärprozeß, in dem die Gesellschaft der Geister sich eine anschauliche, die Welt umspannende, materiale Form von Gemeinschaft zu geben trachtet – der Wirtschaftsmarkt als soziales Verhältnis. Dies ist vielleicht mit Tönnies weiter gedacht; es ist sicherlich auch eine positive Wendung der Entfremdungs- und Verdinglichungstheorien, die im »Fetisch der Marke« eher die Abendsonne unserer Kultur und Kulturen erblicken. Aber entstehen in unserem Zeitalter nicht neue Orte, Räume, Distanzen?

---

[1] Ferdinand Tönnies: Gemeinschaft und Gesellschaft, 1979, 47 ff.

[2] Klaus Morwind: Markenartikel, Markennamen und ihre Zukunft; in: Werbeforschung und Werbepraxis, 1/1986, S. 18

[3] Magazin STERN, 37/1987, S. 218

[4] Vilim Vasata: Die Marke als Fetisch; in: Die produktive Distanz; Beiträge zum Verhältnis von Masse und Elite, Hamburg 1987, S. 20

Der Käufer ist unschuldig
Vorurteile steuern das Marketing in Massen-Märkten

Ich meine mit dem »unschuldigen Käufer« natürlich nicht den, der im platonischen Sinne »unschuldig« ist, sondern ich meine einfach nur folgendes:

Für das, was in den Märkten passiert, was dort an negativen Entwicklungen ablesbar ist und von vielen beklagt wird, sind nicht die Konsumenten verantwortlich, sondern in erster Linie die Marketing-Leute, die Werbeleute und die Händler. Niemand darf sich über den Kunden beklagen; das hieße, Ursache und Wirkung miteinander vertauschen. Die Kunden, die Käufer sind das Produkt der Verhältnisse, die von den Anbietern auf den Märkten gestaltet werden. Diese Verhältnisse, die in manchen Fällen grausam aussehen – von Preisverfall, Margenverlust, Pleiten und Flops begleitet werden – diese Verhältnisse haben eine tiefere Ursache in bestimmten Urteilen der im Markt Tätigen über den Konsumenten. Von diesen Urteilen über den Konsumenten – in meinen Augen Vorurteile – will ich drei nennen und versuchen, sie ein bißchen zu korrigieren:

- Er ist von Natur aus blöd. Er begreift nichts.
- Er achtet von vornherein und immer nur auf den niedrigsten Preis.
- Er ist ein Stück Masse. Er ist ein ausgesprochenes Herdenviech.

Lassen Sie mich zu dem ersten Urteil, der Verbraucher sei blöd, Stellung nehmen:

Es hat sich oft genug und lange genug gezeigt, daß dies nicht stimmt. Er hat unendlich viel in den Märkten, zumindest der Markenartikel-Industrie, gelernt; hat Marken kennengelernt, hat Slogans gelernt, Kampagnen gelernt.

Er hat gelernt, was man ihm erzählt hat. Er hat aber auch gelernt, daß es über bestimmte Produkte des täglichen Bedarfs nichts zu erzählen gibt. Eines der traurigen Beispiele dafür ist die Zigarette in Deutschland. Auf den Zigaretten-Packungen, wo früher zu lesen war, woher die Tabake kommen, wie sie verarbeitet werden und welchen Genuß sie versprechen, auf diesen Zigaretten-Packungen ist in Deutschland heute nur noch eines zu lesen, der Hinweis von Frau Süssmuth, daß der Genuß dieser Zigarette schädlich sei.

Auch in der Werbung für Zigaretten wird nichts mehr über die Produkte erzählt. Geblieben sind sinnentleerte, generische Slogans, wie »Genießen und Erleben« oder umgekehrt.

Dann wundert sich die Zigaretten-Industrie, daß sie heftigen Angriffen ausgesetzt ist und die Raucher dem nichts mehr entgegensetzen können; denn da ist nichts. Außer Stengeln, die alle gleich aussehen. Scheinbar überflüssige Produkte, bestenfalls Sucht- und keine Genuß-Produkte.

Denn über Genuß-Produkte ließe sich doch etwas sagen – oder?

Ein zweiter Fall, wo Markenartikler sich abgewöhnt haben, etwas zu erzählen, der Verbraucher also denkt, es gäbe nichts zu erzählen, ist der Kaffee. Die Markenwerbung der großen Kaffee-Anbieter (Jacobs, Eduscho, Tchibo) enthält seit Jahren prinzipiell keinerlei Aussagen mehr zum Kaffee selbst. Höchstens noch Sprüche, »Oh ja, sich Schonen bringt Genuß« oder »Jacobs-Kaffee – wunderbar«. Der einzige, der über seine Kaffee-Produkte etwas erzählt, und zwar fach-orientiert, ist ALDI. ALDI ist in Deutschland längst nicht nur der Billig-Anbieter, sondern der Mensch, der den Leuten über die Produkte etwas sagt. Und er hat mit seinen Informationen damals im 500-Gramm/400-Gramm-Streit viele Punkte gesammelt.

Daß es über Produkte nichts mehr zu reden gibt, hat der Verbraucher auch dadurch gelernt, daß man ihm für viele Produktkategorien das SB-Verfahren angedient hat.

Er kommt an die Regale, und da steht keiner mehr, der irgend etwas sagt. Die Produkte erklären sich notdürftig selbst, was nur den Schluß zuläßt: Viel gibt es darüber nicht zu wissen, sie sind nicht erklärungsbedürftig, greif zu, lies die Hinweise, das reicht.

Da ist keiner, der sagt, das hier sei was Besonderes und da müsse man aufpassen und hier gebe es Unterschiede. Nein, es erscheint alles relativ gleich.

Die Rationalisierung, die der Handel da betreibt, geht zu Lasten der Werte der Produkte. Die Selbstbedienung hat auch, da beißt die Maus keinen Faden ab, zur Verarmung der Einkaufserlebnisse geführt, wenn es denn überhaupt noch welche gibt in dem Bereich.

Die Versuche von Warenhäusern, das Einkaufserlebnis wiederherzustellen, ohne Verkaufspersonal bereitzustellen, drohen zu scheitern. Und mit dem Verlust der Einkaufserlebnisse sinkt natürlich auch die Bereitschaft der Konsumenten, für die Produkte mehr Geld auszugeben.

Der Verbraucher hat auch gelernt, daß es Preisschwellen gibt. Die Preisschwellen sind dem Gehirn des Verbrauchers nicht immanent, sondern man hat sie ihm systematisch beigebracht. Wenn man jahrelang eine Marke für 9,99 DM im Handel verscheuert, dann lernt der Verbraucher irgendwann, daß da was ist, eine Art magische Grenze, die keiner mehr überschreiten darf, und er bekommt wirklich das Gefühl, da dürfte er nicht mehr bezahlen.

Es ist ein großer Fehler des Handels nach dem Wegfall der Preisbindung gewesen, daß er sich auf Preisschwellen festgerammt und sie den Leuten so lange vorgeführt hat, bis alle dachten, es gäbe sie. Nur einige wenige Kluge haben ihre Preise flexibel gestaltet, indem sie über solche Grenzen hinweggingen, auch mal wieder zurück, um den Eindruck, es gäbe Preisschwellen, gar nicht erst entstehen zu lassen.

Mit den Preisschwellen und den durch sie signalisierten Billiggrenzen, Niedrigstpreisen und wie das immer heißen mag, hat man die Verbraucher in bestimmten Produktbereichen systematisch zu Billigkäufern erzogen.

Der Verbraucher lernt auch, die Anbiederungsversuche der Industrie schamlos auszunutzen. Anbiederungsversuche, die z.B. darin bestehen, daß die Marke nicht mit ihrem Produkt wirbt, sondern mit einem weißen Haus, das es zu verlosen gibt, oder drei weißen Fiestas.

Kommen wir zu dem zweiten Vorurteil: Der Verbraucher sei prinzipiell nur daran interessiert, möglichst billig einzukaufen und möglichst wenig Geld auszugeben. In einem gewissen Sinne stimmt das zwar; aber als Ergebnis von Erziehung, wie eben dargestellt.

In der Grundwirklichkeit verhält es sich anders: Er achtet auf den Wert, den die Dinge für ihn haben. Das ist das Entscheidende, und danach bemißt sich seine Bereitschaft, Geld auszugeben. Der Mensch ist vielleicht von Natur aus, zumindest aber durch kulturelle und soziale Erziehung, über Jahrhunderte hinweg zu einem Wesen geworden, das das Prinzip des Tauschens, das Prinzip von ausgewogener Gabe und Gegengabe beherrscht und als Prinzip der Gesellschaft respektiert.

Daß dieses Prinzip auch heute noch funktioniert, beweist ein Vorgang, der sich in London jeden Tag ereignet. Dort gibt es ein gutes Restaurant, das sich von allen anderen Restaurants in London durch eines unterscheidet: Auf der Speisekarte gibt es keine Preise. Der Wirt sagt: »Bezahlen Sie, was es Ihnen wert war«. Nach Auskünften, die ich eingeholt habe, ist dieses Restaurant nicht nur gut besucht, sondern es geht ihm auch wirtschaftlich gut, weil die Menschen eben nicht so sind, daß sie hingehen und sagen, ich freß mich voll und anschließend bezahle ich eine Mark – was möglich wäre.

Wie aber soll der Mensch, der Käufer, der Konsument, ein solches Wertempfinden, wie es hier offensichtlich noch da ist, wie soll er es behalten, wie soll er es entwickeln, wenn ihm eine ständige Abwertung der Produkte vorgeführt wird. Wie soll der Verbraucher ein vernünftiges Verhältnis zum Wert eines Produktes finden, wenn ihm dieses Produkt innerhalb von 14 Tagen in drei, vier verschiedenen Preisstellungen angeboten wird?

Angesichts ständig schwankender Wertangaben kann ein vernünftiges Wertempfinden kaum entstehen. Das hat ALDI längst begriffen. Deswegen gibt es bei ALDI auch die Preisbindung der zweiten Hand wieder. ALDI-Artikel kosten jahrelang immer dasselbe. Da gibt es stabile Preise und keine Preisaktionen, Billigpreise, Niedrigstpreise, Tiefstpreise, Dauertiefstpreise.

Wie soll der Verbraucher Wertempfindungen gegenüber einem Produkt entwickeln, das er für 5,– DM kauft mit dem Versprechen, für einen darauf gedruckten Coupon 6,– DM wiederzubekommen. Das ist in Deutschland noch nicht vorgekommen. Aber nur deshalb nicht, weil der Gesetzgeber so etwas verbietet.

Marketingleute in Belgien und Holland betreiben dieses Mörderspiel bereits, weil es dort unser Rabattgesetz nicht gibt. Ich behaupte, daß Markenartikler in Konsumgüter-Märkten, die unter Kapazitätsdruck geraten, in Deutschland beim Wegfall dieses Gesetzes bereit wären, mehr als den Einkaufspreis, den der Kunde zahlt, zu vergüten.

Die Wertschätzung einer Marke muß auch darunter leiden, wenn diese Marke häufiger in Schweinebauch-Anzeigen erscheint als in klassischer Werbung. Oder vielleicht überhaupt nicht in klassischer Werbung, sondern nur noch in den Anzeigen des Handels, wo sie entsprechend abgewertet in einem Umfeld steht, das nicht zu ihr paßt.

Welche Wertschätzung, welche Wertvorstellung soll der Konsument entwickeln, wenn er sieht, wie lieblos und achtungslos der Handel mit Produkten, mit Marken umgeht? Wer mit offenen Augen, einigermaßen ästhetisch begabt, heute in einen großen Verbrauchermarkt hineingeht, dem muß doch fast schlecht werden. Da werden Produkte, die ich mir unter den Arm sprühen oder in den Mund stecken soll, auf Holzpaletten, die an Billigkeit und Gräßlichkeit nicht zu überbieten sind, von irgendwelchen stumpfsinnigen Gabelstaplerfahrern durch die Gegend gekarrt, hingeklotzt, mit billigen, schrecklichen Preisfeldern versehen, in Massen angeboten, in billigsten Pappkartons gestapelt bis unter die Decke. Die Schaufenster dieser Geschäfte sehen aus wie Lagerhallen von hinten. Wie soll da Wertempfinden entstehen, wenn auch jedes letzte Restchen von Ästhetik, von Schönheit der Warenpräsentation aus solchen Geschäften entweicht?

Alle Vorgänge, die ich hier beschrieben habe, entstammen dem Waffenarsenal der Abwertungs-Strategen. Die allerdings sitzen nicht nur im Handel, sondern die sitzen auch dort in der Industrie, wo Überkapazitäten und Umsatz-Versprechungen dazu führen, daß man sich dem massenhaften Absatz auf Teufel komm raus verschreibt – nach dem Motto: »In drei Jahren bin ich sowieso hier weg. Sollen die doch sehen, wie sie mit dem Rest dieser Marke fertig werden.«

Nun zum dritten Vorurteil: Der Verbraucher sei ein Massenwesen. Nach dem alten Schema, die Masse seien immer die anderen, ist das natürlich leicht zu behaupten. Ich glaube, daß aber auch hier Ursachen und Wirkungen verwechselt werden. Die Möglichkeit, daß man massenhaft produzieren kann mit Hilfe der Technik, im Unterschied zu der handwerklichen Phase des 19. Jahrhunderts, hat zu dem Irrtum verführt, der Verbraucher sei auch im selben Maße an Massenhaftem interessiert. Dem ist nicht so. Kein Mensch möchte Dutzendware besitzen oder kaufen. Die Möglichkeit der massenhaften Produktion hat sich übrigens auf fatale Weise mit einer falsch verstandenen Aufklärung verbunden, nämlich mit der Auffassung, daß die Menschen alle gleich seien. Auch dies ist nicht so. Die Menschen sind nicht alle gleich, sondern eben ungleich. Die These von der Gleichheit meinte ursprünglich nur: Alle Menschen haben dieselben Chancen, ungleich zu sein; nur daß diese Ungleichheit nicht von vornherein zementiert ist durch Stand, Herkunft oder Besitz.

Die Märkte, mit denen wir zu tun haben, und die Marken, die sich in diesen Märkten bewegen, werden von diesem Wunsch nach der Ungleichheit bewegt und nicht von dem Wunsch nach Gleichheit. Wie tief dieses Bedürfnis nach Ungleichheit sitzt und wie sehr seine Erfüllung von Objekten abhängig ist und nicht von der

Persönlichkeit an sich, weiß jeder, der einmal dabei war, wenn sich auf einer Abendgesellschaft zwei Frauen im gleichen Kleid begegnen. Eine menschliche Katastrophe – der Abend ist gelaufen, für die beiden und für die Umgebung auch.

Das Bedürfnis, sich durch erworbene Objekte voneinander zu unterscheiden, ist nicht auf Erwachsene beschränkt. Auch die sogenannte aufgeklärte Jugend zeigt sich in hohem, sogar steigendem Maße abhängig von der Differenzierung durch den Besitz von Objekten. Wer auf dem Schulhof beobachtet, wie sich ein Wrangler-Träger von einem Levi's-Träger absondert, um sich wiederum mit einem Fiorucci-Träger kurzfristig zu verbünden, ihn aber fallenzulassen, weil plötzlich Closed in ist, der weiß, was da an Chancen auf uns zukommt, Produkte zu vermarkten. Wer in eine Jeans-Ranch geht, sieht dort 10 verschiedene Jeans-Marken, die ein Vater von drei Kindern kaum auseinanderhalten kann. Die Kinder aber können das sehr genau.

Und die Lust an solcher Differenzierung ist immens groß. Denn sie wird ja nicht nur benutzt, um sich zu individualisieren, um sich abzusondern, sie wird eben auch benutzt, um Gruppen zu bilden, um sich zu sozialisieren mit dem einen und wieder Feindschaften aufzubauen gegen andere. Das ist ein ständiges Hin und Her von Sozialem und Asozialem, was sich in solchen Märkten abspielt, mit Hilfe von Objekten, sprich Markenprodukten. Ein Spiel, das die Menschen gern spielen, und niemand sollte es ihnen übelnehmen. Es ist allerdings nur dann spielbar mit Objekten, wenn die Objekte von sich aus klarmachen, welche Position sie einnehmen. Eine Marke, die in dieses Spiel eintreten und in diesem Spiel genutzt sein will, muß auch von sich aus erklären, wohin sie gehört. Sie muß für sich werben, sie muß sich darstellen, damit die Leute wissen, sie kommt von da oder von da, von oben oder von unten. Man muß auch durch Werbung klarmachen, ob man Rolex oder Timex ist, Persil oder Tandil. Wer das nicht tut, wird in dieses Spiel nicht gern hineingenommen. Wobei nicht nur die Werbung zur Selbstdarstellung einer Marke gehört.

Natürlich gehört auch der Preis dazu. Ebenso der durch das Produkt tatsächlich vermittelte Nutzen, das Erlebnis. Und es gehört die Distribution dazu. Die Leute wollen heute sehr genau wissen, in welchem Geschäft wird dieses Produkt verkauft und in welchem nicht. In Deutschland ist eine große Depot-Marke fast zusammengebrochen, weil sie kontinuierlich bei Rossmann im Discount verkauft wird. Das dulden die Verwender solcher Marken nicht, daß sie verkauft wird neben Windeln, Klo-Papier und Reinigungsmitteln und von Leuten gekauft wird, mit denen sie nicht in einer Schlange stehen wollen. Jedenfalls nicht, wenn sie Parfum einkaufen.

Markenprodukte, die sich auf diese Weise vermassen, unterschiedslos distribuiert und verkauft werden, helfen dem Menschen, Konsumenten eben nicht, sich zu individualisieren, eine bestimmte Position innerhalb des Gesellschaftsspiels einzunehmen, und werden dadurch zunehmend uninteressant. Sie befriedigen den Distinktionsbedarf der Leute nicht.

Daß dieser Bedarf da ist, und zwar überall, dafür gibt es eine hübsche Parabel, die ich Ihnen nicht vorenthalten möchte. Sie entstammt nicht einem Marketingbuch, sondern der Geschichte vom Kleinen Prinzen von Antoine de Saint-Exupéry.

Der kleine Prinz kommt eines Tages auf einen Planeten und entdeckt dort eine Rose. Er verliebt sich in sie und sie sich in ihn. Und sie erklärt ihm, um seine Liebe zu fördern, daß sie einzig sei auf der Welt.

Mit dieser Vorstellung zieht der kleine Prinz weiter, beglückt an seine einzigartige Rose zurückdenkend. Einige Planeten weiter kommt er plötzlich an einen blühenden Rosengarten. »Wer seid ihr?«, fragte der kleine Prinz höchst erstaunt. »Wir sind Rosen«, sagten die Rosen. »Ach!«, sagte der kleine Prinz, und er fühlte sich sehr unglücklich. Seine Blume hatte ihm erzählt, daß sie auf der ganzen Welt einzig in ihrer Art sei. Und siehe, da waren fünftausend davon, alle gleich, in einem einzigen Garten! Sie wäre sehr böse, wenn sie das sähe, sagte er sich, sie würde fürchterlich husten und so tun, als stürbe sie, um der Lächerlichkeit zu entgehen. Dann sagte er sich noch: »Ich glaubte, ich sei reich durch eine einzigartige Blume, und ich besitze nur eine gewöhnliche Rose. Das macht aus mir keinen sehr großen Prinzen.« Und er warf sich ins Gras und weinte.

Um diesen weinenden Konsumenten geht es mir beim dritten Punkt; und ich denke, daß viele Hersteller von Markenartikeln nicht gut daran tun, so gleichförmig aufzutreten, wie sie es tun. Wer immer nur den schnellen Läufer ins Feld schickt, der dann seine Skier rechtzeitig hochhält, wer in seinen Anzeigen nichts anderes vorführt als die Technik seines Skis, wer die handwerkliche Seite des Produktes gerade noch notdürftig anreichert durch zehn Prozent human touch, der muß sich nicht wundern, daß diese Gleichförmigkeit und Eintönigkeit dem großen Bedürfnis der Menschen nach Einzigartigkeit und Vielstimmigkeit nicht gerecht wird.

Ich denke, daß die Menschen mit ihrem Bedürfnis nach Entfaltung des individuellen Charakters ein schönes Feld sind, das man in diesem Sinne beackern könnte. Man kann und darf als Moralist, als Lehrer, als Pfarrer beweinen, daß die Menschen ihre Individualität und Persönlichkeit heute durch Marken und durch Produkte unterstreichen oder überhaupt erst herzustellen suchen und ihre gesellschaftlichen Positionen mit Hilfe von Objekten gestalten. Nur – der Marketing-Mann ist kein Moralist – er hat die verdammte Pflicht, aus diesem Spiel der Menschen so viel Geld wie nur eben möglich zu machen.

Wandlungen des werbenden Sprechens
Warum die Werbung ist wie sie ist

Der Titel »Wandlungen des werbenden Sprechens« löst wahrscheinlich Erwartungen aus, die ich nicht erfüllen kann. Denn ich muß feststellen: die Sprache, auch die werbende Sprache hat sich in den letzten Jahrzehnten nicht verändert. Diese Verneinung gilt allerdings nur dann, wenn man akzeptiert, daß die Sprache sich grundsätzlich niemals selbst ändern kann. Sondern es sind immer die Menschen, die die Sprache verändern und die Umstände, unter denen Menschen mit Sprache umgehen. Die Verantwortung dafür, was mit der Sprache geschieht, haben ausschließlich die Menschen und nicht die Sprache selbst.

Wenn man es so versteht, hat sich die Sprache – und jetzt darf ich es dann doch gebrauchen, das Wort »sich« – in vielen Fällen, in vielen Bereichen geändert, auch im Bereich Werbung. Wie so was vorgehen und wie unmerklich das geschehen kann, möchte ich zunächst in einem Bereich demonstrieren, der mit Werbung noch gar nichts zu tun hat, sondern eher mit behördlicher Standardisierung im Warenverkehr. Dort ist es zu einer interessanten Bedeutungsveränderung des Wortes »herstellen« gekommen:

Vor einigen Jahren kaufte ich in einem Supermarkt ein Hähnchen, ein tiefgefrorenes, und las neben den Preis- und Gewichtsangaben: hergestellt am 12. August. Hier hat unter dem Einfluß behördlicher Regulierungen das Wort »herstellen« eine tödliche Bedeutung bekommen, ohne daß jemand groß darüber nachdenkt. So ähnlich geht es dann auch in der übrigen Sprache und der Werbesprache – man denkt oft gar nicht darüber nach, was da eigentlich passiert, bzw. was man da anrichtet.

Um es ein bißchen besser bewußt zu machen, möchte ich über drei Gründe, drei Bedingungslagen sprechen, die mit dafür verantwortlich sind, daß sich in der Werbesprache doch einiges geändert hat. Diese drei Gründe, Bedingungszusammenhänge sind:

- Der Wegfall der Preisbindung und die Überproduktion der Markenartikelindustrie.
- Das Ausscheiden der Markeninhaber, der Produkterfinder und der Unternehmenspersönlichkeiten aus den Unternehmen und der Ersatz dieser Personen durch Manager.
- Die Mainzelmännchen.

Lassen Sie mich zum ersten Grund kommen: Überproduktion und Wegfall der Preisbindung. Diese beiden Bedingungen haben unter anderem dazu geführt, daß ein neuer Werbungtreibender auf den Plan getreten ist – der Handel. Und indem der Handel in die Lage versetzt wurde, unendliche Mengen von Produkten zu verkaufen und dies zu Preisen, die er selber festlegte, ist in die Werbesprache ein ungeheuer aggressives Vokabular eingedrungen. Ein Vokabular, das bis zum Zerstörerischen, ja sogar Selbstzerstörerischen geht, ein Vokabular, das Sie alle kennen aus den Anzeigen des Handels, die einen großen Teil der gesamten Werbung ausmachen: Ein Vokabular der »Hammerpreise«, »Tiefstpreise«, »Zerreißpreise«, des »Preisrutsches«; bis hin zur Selbstzerstörung in dem Funkspot, in dem ein Niedrigpreisanbieter von sich selber sagt, er sei »beknackt«. Das endet bei Räumungsverkäufen und dem dazugehörigen Vokabular, unterstützt durch visuelle Elemente der Zerstörung, schräg auf die Fenster geklebte Plakate oder Streifen, zerplatzende Elemente, die, zusammen mit den Wörtern, die ich eben zitiert habe, Plünderungsinstinkte wecken und das normale Gleichgewicht von Gabe und Gegengabe im Tausch außer Kraft zu setzen drohen. Wer einmal bei einem Sommerschlußverkauf beobachtet hat, wie die Menschen sich angesichts eines Grabbeltisches benehmen, dem kann darüber fast schlecht werden. In Hamburg ist beim letzten Schlußverkauf ein Kind fast zu Tode getrampelt worden.

Die Bedingungslage »Überproduktion der Industrie und Wegfall der Preisbindung« hat eine weitere Änderung in der

Sprache der Werbung zur Folge gehabt, nämlich das Aufkommen eines Anbiederungsvokabulars bei der Industrie. Die Art und Weise, wie die Markenartikelindustrie heute sprachlich auf den Handel zugeht, ist in vielen Fällen beschämend. Die Texte, die man in den Anzeigen der Handelsgazetten liest, strotzen von übertriebenem Selbstlob wie »Umsatzrakete«, »Kassenknüller«, »Klassenbester« oder – »Marktführer«. Da preist sich dann ein Mineralwasser an, das im Segment der 0,3-Liter-Einwegflasche mit Kronenkorken Marktführer ist.

Die sprachliche Anbiederung der Industrie an den Handel drückt sich auch in einem unangemessenen Vokabular aus, wie es in einer Ausgabe der Lebensmittelzeitung vor etwa fünf Monaten zu finden war. Da gab es in dieser einen Ausgabe der Lebensmittelzeitung drei Anzeigen mit folgenden, aus der Geschichtswissenschaft entlehnten Texten: »Die pikante Revolution – Ültje-Kerne«, »Ein Klassiker feiert Renaissance – Tokajer«, und »Das Sauerkraut der 90er Jahre – Hengstenberg«.

Die Überproduktion, d.h. das Problem, die Ware überhaupt noch an den Mann und an die Frau zu bringen, führt in den Marketing- und Werbeagentur-Etagen auch dazu, daß sprachlich zunehmender Druck auf den Verbraucher ausgeübt wird, der freiwillig scheinbar nichts mehr zu fressen scheint. Dieser Druck auf den Verbraucher drückt sich sprachlich durch eine zunehmende Verwendung von Imperativen aus. Imperative, die wir aus der Dressursprache kennen, aus der Schäferhund-Dressur beispielsweise: »Sitz! Platz! Friß! Faß!« In der Werbung heißt es: »Nimm Vim!«, »Trink Coca-Cola!«, »Hol!«, »Tu!«, »Mach!«, »Fang' Dir einen Buggy!«, »Koch mit Eto!«, »Trink mich – Amselfelder!«, »Sag' ja zum Meer – sag' ja zu Sel!«. Politiker, die meinen, daß die Werbeleute es besonders gut verstehen, Menschenmassen zu manipulieren, schreiben dann Kampagnen unter dem Slogan: »Sag' ja zu den Angestellten, sag' ja zur DAG«.

Es gibt noch eine sublimere Form des Imperativs, die sich immer mehr verbreitet – vielleicht aus Angst, daß der einfache

Imperativ sich zu schnell als Dressurversuch entlarvt – das ist der Infinitiv als Imperativ. Wie in dem Slogan »Erleben und genießen« oder »Mitspielen – gewinnen«. Diese Infinitive sind gar keine mehr, sondern Befehlsformen, wie wir sie aus der Kommandosprache kennen: »Setzen – Aufstehen – Hinlegen – Setzen – Aufstehen«. Daß man positive Stimmungen wie »Erleben, Genießen« im Grunde gar nicht befehlen kann, hat schon der selige Weißferdl aufgedeckt, als er das himmlische Tagesprogramm ironisierte: »Von 10.00 – 11.00 Uhr Frohlocken.«

Unter den Bedingungen der Überproduktion und der Angst, zu viel produzierte Ware nicht loszuwerden, hat sich sehr früh auch etwas eingeschlichen, was man als den Versuch ständiger Überbietung bezeichnen kann. Ein Feld, das traurige Berühmtheit erlangt hat für diese Überbietungsstrategien verbaler Art, ist die Waschmittelsprache: Vom »strahlenden Weiß meines Lebens« über die »zwei Weißmacher«, »so weiß, weißer geht's nicht«, »weiß, weißer, Suwaweiß« und »das Riesenweiß vom Weißen Riesen« als Antwort auf den Weißen Ritter und Cascade, das Grau rauszwingt und Weiß rein. Solche Steigerungen bis zur Unerträglichkeit haben dazu geführt, daß die Waschmittelwerbung der Buhmann für Werbung schlechthin geworden ist. Dieses Urteil hat sich bis heute gehalten, obwohl die Waschmittelwerbung so schlimm vielleicht gar nicht mehr ist oder andere es ihr längst gleichtun.

Kommen wir zum zweiten Grund: Das Ausscheiden der Markeninhaber, der Produkterfinder und Unternehmer aus ihren Unternehmen und der Ersatz dieser Personen durch Zeitarbeiter, genannt Manager. Den Markeninhabern, Produkterfindern war das Produkt immer das Wichtigste. Das machte diese Personen auch ein bißchen komisch für das Personal drumherum, manchmal auch ein bißchen schwierig. Im Zentrum ihres Denkens als Unternehmer stand immer das Produkt. Weshalb auch Beschwerdebriefe damals immer auf dem Schreibtisch des Inhabers landeten und nicht wie heute in den Schubladen einer PR-Abteilung.

Mit dem Ausscheiden der Unternehmer konnten sich Werbung und Werbeabteilung endlich vom Produkt »befreien«; es setzte ein unaufhaltsam scheinender Entfremdungsprozeß ein, ein Vorgang der Distanzierung vom Produkt, der in der Werbung am Ende dazu führen wird, daß die Produkte gerade noch Unterhaltungssendungen sponsern – eine Form von Werbung, die für den Unternehmertyp geradezu undenkbar gewesen wäre. Das Ausscheiden dieser Personen und ihr Ausgeschiedenwerden aus der gedanklichen Tradition des Unternehmens, kündigte sich sehr fein unter anderem darin an, daß man das Apostroph-»s« des deutschen Genitivs aus den Marken- oder Unternehmensnamen eliminierte. Aus »Dr. Scholl's Fußpflege« wurde eben »Scholl«, aus »Henkel's Bleichsoda« wurde »Henkel«, aus »Dr. Oetker's Backpulver«, seinem, von ihm gemachten Backpulver, wurde »Dr. Oetker« und aus »Maggi's Suppenwürze« verschwand das »s« genauso und es entstand »Maggi«. Eine Kleinigkeit, aber Sprache besteht aus solchen Kleinigkeiten, die wir wohl spüren. Mit dem »s« verschwand die Personenbeziehung zum Produkt, sie wurde ersetzt durch eine Firmenbeziehung und damit durch eine sehr viel anonymere.

Die Distanzierung der Werbung vom Produkt setzt sich fort, unter anderem darin, daß immer häufiger Slogans auftauchen, in denen der Markenname überhaupt nicht mehr vorkommt; d.h. er ist nicht mehr syntaktisch zwingender Bestandteil des Satzes – Subjekt oder Objekt –, sondern er kommt in dem Satz eben nicht mehr vor. Wenn es früher hieß: »Aus gutem Grund ist Juno rund« (Juno als Subjekt), heißt es heute »Streifenlose Sauberkeit«. (Die wenigsten von Ihnen werden wissen, daß dahinter der Haushaltsreiniger »Andy« steht.) »Erleben und Genießen« (Wissen Sie, daß das von HB ist?) Und so fort. Sie können in jeder Zeitschrift viele, viele Beispiele dafür finden, »Geschmack ohne Kompromisse«. (Wer? Was?) Die Markennamen werden eliminiert, die Werbung entdeckt sich selber als Zweck, jenseits von Marke und Produkt.

So wurde die Betulichkeit der Vorväter überwunden. Übrigens auch durch die Entfernung der Tu-Wörter. Wenn Sie sich die Slogans der früheren Zeit angucken, enthielten sie meist ein Tu-Wort, ein Verb: »Kaba hält dich gesund«; »Underberg wärmt den Magen an«; »HB ist mild und schmeckt.« Es galt das Verursacherprinzip: dieses Produkt tut etwas, macht etwas, ist für eine Leistung, die es verspricht, selber als Subjekt verantwortlich. Heute tendiert die Sprache insbesondere in der Anzeigenwerbung zu substantivierten Aussagen. Es gib eine Flut von Substantiven in den Headlines. Da heißt es dann zum Beispiel: »Alfa Romeo – die erlebbare Synthese zwischen Kraft, Fahrkultur und Ästhetik«, oder »Dynamik ist die Spitze des Fortschritts«. Solche Formulierungen sind eben trotz des beschwörenden Adjektivs »erlebbar« nicht erlebbar, weil es abstrakte Formeln sind. Das ist eine Sprache, die sich vom lebendigen Leben entfernt. Nach Erich Fromm ist das eine »Haben-Sprache«, die nicht im wirklichen Sein verwurzelt ist. Eine Sprache ohne aktive Verben, die durch ihre Überflut an Substantiven zu einer Sprache der falschen Genauigkeit und der Verantwortungslosigkeit geworden ist.

Woher stammt die Liebe des Marketing und der Werbung zum Substantiv? »Glanz und Schonung in einem – Calgonit«; »Harmonie und Präzision – Pelikan«. Solche Substantive harmonisieren die Werbeaussage mit der Begrifflichkeit der Marketingkonzepte, mit den Abstrakta, die in den Briefings angeboten werden, und sie gaukeln eine Präzision vor, hinter der keine Realität zu greifen ist für den Konsumenten.

Diese Begriffe sind nicht wirklich kommunizierend. Sie stellen Prozesse dar oder geistige Wesenheiten. Mit solchen Begriffen verständigen sich Wissenschaftler in ihrem Beruf, aber nicht Menschen in Alltagssituationen. Allerdings verfügen Pflege, Schonung, Präzision, Kraft, Dynamik und Fortschritt über den unschätzbaren Vorteil, daß sie eine Deckungsgleichheit zwischen der gestalteten Kommunikation und den Briefingunterlagen simulieren.

Die Distanzierung der Werbung vom Produkt tritt auch noch in ganz anderer Form auf: die Copies werden immer kürzer, immer knapper, wenn nicht sogar vollständig eliminiert; insbesondere aus der Print-Werbung. Und das bißchen, was dann noch gesagt wird, ist oft so lächerlich, so banal und so wenig produktbezogen, daß man es auch weglassen könnte oder getrost in Versalien schreiben kann, weil die sowieso keiner liest. Mit dieser Art von Reduktion der Sprache oder ihrer Übersetzung in inschriftenhafte Typographie vollzieht sich etwas, was der französische Soziologie Pierre Bourdieu einmal »die Verweigerung der Kommunikation inmitten der Kommunikation« nannte.

Kommen wir zum dritten Grund, der Werbesprache und Werbung deutlich verändert hat: die Mainzelmännchen. Ich freue mich sehr, daß heute morgen in der Rolle mit den Commercials noch einmal zwischen den einzelnen Werbespots diese beknackten Figuren vorgeführt wurden, für die ja die Mainzelmännchen Pate gestanden haben. Man muß einmal ernsthaft darüber nachdenken, was es für die Werbung, was es für den Seher von Fernsehwerbung bedeutet, wenn vor den Commercials, die wir gestalten, und mit denen wir betriebswirtschaftlich begründete Wünsche unserer Auftraggeber zu erfüllen haben, wenn vor und zwischen diesen Spots solche idiotischen Figuren vorgeführt werden. Die Mainzelmännchen und ihre Nachfolger sind für mich ein infamer Versuch der Redaktionen der Öffentlichen Anstalten, sich von dem, was da an Werbung kommt, zu distanzieren, diesen Bereich auszugrenzen aus dem sogenannten Kulturauftrag. Sie sind ein infames Trennsignal, das den Hörern bzw. Zuschauern klarmacht: Das, was jetzt kommt, ist nicht ernst gemeint im Sinne dieses Senders, ist unernst, sogar Nonsens. Es ist ja kein Zufall, daß die Texte dieser Zwischenstückchen in der Regel nicht zu verstehen sind, außer diesem blöden »Guten Abend«.

Ich finde es schon erstaunlich, daß die Industrie und die Werbeagenturen sich nicht von Anfang an dagegen gewehrt haben. Noch beschämender ist allerdings, daß sich die Werbung inzwischen dieser Stilvorgabe gebeugt hat und ihr nachfolgt. Was meint: Die Nonsenshaftigkeit, die Albernheit vieler Werbespots ist kaum noch zu überbieten. Das ist ja nicht einmal mehr das Niveau einer Boulevard-Komödie oder eines Volkstheaters, sondern tendiert zum Kasperle-Theater. Auch im Rundfunk; da weht einen, wenn nicht gerade gesungen wird, ein derart verkindeter Klang an, ein so blödes Gekicher von Erwachsenen, die nicht erwachsen werden wollen und mit Erwachsenen reden, als hätten sie Säuglinge vor sich, daß einem morgens fast schlecht werden kann im Auto. Man ist dann schon fast dankbar, wenn gesungen wird, weil das dann im Grunde nur noch die Fortsetzung des Musikprogramms mit anderen Mitteln ist.

Ich glaube, daß die Präferenz für die vielen Musikspots, die sich auch nachher in der Hitparade (dieses ARW-Werbeforums) ausdrücken wird, darauf zurückzuführen ist, daß die gesungenen Spots für die Leute eine Möglichkeit sind, der gesprochenen Werbung zu entgehen. Was manche allerdings auch zu dem gefährlichen Trugschluß verleitet, man sollte eben überhaupt nicht mehr reden. Wie im Kino, wo die Zigaretten-Werber nicht ein einziges Mal mehr auch nur den Markennamen ihres Produktes in den Mund nehmen mögen, weil sie wissen, daß das Publikum dann bölkt. Es ist nämlich bereits daran gewöhnt, daß man das Inserenten-Interesse, das werbliche, verkäuferische Interesse nicht mehr vorträgt. Das Publikum, das gnädige, fühlt sich in seinem interessenlosen Wohlgefallen gestört, wenn da einer zu sagen wagt: Übrigens fände ich es nett, wenn sie unsere Marke einmal rauchen würden. Die Angst, über sein Produkt zu reden, und die Erlaubnis, ihm auszuweichen, führt heute dazu, daß alles mit einer Soße von Gelächel und Gekicher übergossen wird und die Grundzutat überhaupt nicht mehr wahrnehmbar ist.

Ich denke, man sollte hier noch eine weitere Bemerkung zum Thema machen. Die Ansiedlung vieler Werbespots im Bereich des Witzigen, des Humorvollen, Komödiantischen und Burlesken, wo Männern Wasser aus den Ohren kommt, in dieser Art von

Werbung drückt sich ein altes Vorurteil über die Zuhörer oder Zuschauer aus, daß sie nämlich eine niedrig angesiedelte Masse sind. In der klassischen Dramaturgie ist die Komödie schon immer die Unterhaltungsform für den niedrigen Stand gewesen; und ich glaube, daß die Vorliebe eines elitären Managements für die Komödie gleichzeitig die Sicherung des Abstandes zu einem dummen, einfallslosen Massenvieh ist, das man Zielgruppe nennt.

Die Musik, von der in dieser Veranstaltung so viel angeboten wird, daß mir beinahe übel ist, die Musik tut dann ein übriges. Sie deckt den letzten Rest von Information, von vernünftig formuliertem Angebot zu. Damit will ich nicht sagen, daß Musik nicht gut ist. Dieser Transporteur hat sicherlich seine Bedeutung; aber immer nur Musik und von vorne bis hinten gesungen, meine ich, hebt die Funktionalität auf oder entkleidet die Werbung eines Moments, das lebensnotwendig zu ihr gehört. Durch solche Werbung wird das Produkt nicht mehr in Lebenszusammenhänge gestellt, sondern in irgendwelche Unterhaltungszusammenhänge. Das früher einmal dringend benötigte Produkt wird in einer Überflußgesellschaft, wie der unseren, zum Teil eines Spiels, das »Freie Auswahl« heißt.

Konsequenterweise endet die Werbung für viele Markenartikel dann auch beim Preisausschreiben. Füllen Sie die restlichen Buchstaben aus, nach dem Modell: Ohne Flei□ kein Prei□; und gewinnen Sie eine Reise in die Südsee. Nicht nur Markenartikler, auch Dienstleister haben dieses wunderbare Instrument der Unterhaltungsindustrie entdeckt. Die Versicherungsgesellschaft Volksfürsorge hat sich jahrelang bei mir durch Christian Neureuther und Frau Mittermeier als eine Art Lotteriegesellschaft profiliert, bei der man Skier, Fahrräder, Sonnenschirme und so etwas gewinnen konnte; ich wußte nur nicht mehr, was die eigentlich verkaufen.

Sendungen dieser Art werden, das ist leicht zu erkennen, nach Vorbildern in den elektronischen Medien gestaltet, nach den Quizsendungen, in denen es natürlich aufwendiger, üppiger zugeht, aber letztlich ähnlich dumme Fragen gestellt und ähnlich dicke Preise verteilt werden. Die Werbung hat es allerdings geschafft, diese Vorbilder noch zu überholen. Die Information, die in einer noch so lustigen und launigen Fernseh-Quizsendung am Ende doch noch gesprochen oder als Lettering für ein paar Sekunden eingeklinkt wird, selbst die wird inzwischen in Preisausschreiben-Sendungen der Markenartikel-Industrie gesungen: »Wähle Bremen 3-3-3«.

Durch das überbordende Bedürfnis nach Amüsement, das Neil Postman in seinem zweiten Buch ja sehr schön als Gefahr beschrieben hat, durch dieses überbordende Bedürfnis entsteht in der Werbung oder – besser gesagt – produziert die Werbung einen Mangel an Erkenntnismöglichkeiten für den Konsumenten. Und das ist nicht damit erklärt, daß auf der Seite der Konsumenten der Wille oder die Fähigkeit abhanden gekommen sind, irgendeine Information in sich aufzunehmen, sondern das ist eine von der Werbung selber produzierte und möglicherweise auf alten und überkommenen Vorurteilen beruhende Zerstörung der Basis.

Durch diesen Verzicht auf Erkenntnismöglichkeiten – ich übertreibe das alles jetzt natürlich ein bißchen – entsteht im Gros der Konsumenten ein Vakuum an Erkenntnis, an Information; und man darf sich nicht wundern, wenn dieses Vakuum, weil es eben von der Werbung nicht gefüllt wird, von ganz anderen aufgefüllt wird, mit ganz anderen Absichten; und daß diese Füllung vom Konsumenten begierig aufgenommen wird, selbst wenn die Informationen, die da verbreitet werden, nicht hundertprozentig korrekt sind. Ich meine, in dieses Vakuum stoßen solche Institutionen wie Stiftung Warentest oder andere Test-Zeitschriften hinein. In dieses Vakuum an Information stoßen hinein Fernsehsendungen wie »Monitor« mit Berichten über das, was Produkte eigentlich enthalten. In dieses Vakuum stößt der Gesetzgeber selber hinein, in dem er vorschreibt, daß über bestimmte Wirkungen etwa bei Produkten etwas gesagt werden muß, auf der Packung, möglicherweise auch in der Werbung: »Der Bundesminister warnt«. Dieses Informationsvakuum, diesen Mangel an Erkenntnismöglichkeiten macht sich natürlich auch die private Konkurrenz der Markenartikel-Industrie zunutze: ALDI. ALDI macht keine Werbung, ALDI informiert. Das kostet zwar auch ein Schweinegeld, aber die Überschrift heißt eben: informiert. Und wenn Sie sich die Texte durchlesen, dann ist das wirklich Information; die allerdings schon so weit geht – und damit reflektiert ALDI genau die beschriebene Situation – daß es dort heißt: »Für dieses Produkt werden sie niemals Werbung sehen. Die hat es nicht nötig. Seine Qualität spricht für sich selbst.« Damit stößt er genau in unsere Schwachstelle hinein und findet sehr viel Glauben. 75 % aller Haushalte kaufen inzwischen mindestens einmal im Jahr bei ALDI.

Ich meine also, wenn die Unterhaltungs- und Gefallsucht in der Werbung zu einer Informations-Schwindsucht führt, dann entsteht schließlich und endlich – und auch darauf hat Neil Postman hingewiesen – eine Gefahr für den Kapitalismus, das Wirtschaftssystem, von dem wir leben. Der Kapitalismus setzt nämlich in der Theorie, aber auch bei den Praktikern, die sich dazu geäußert haben, einen mündigen, informierten und vernünftig entscheidenden Käufer voraus.

Ich wollte mit dem Beschwören der Vernunft und der Information das Unterhaltungskind nicht gleich mit dem Bade ausschütten. Ich denke nur, daß ein bißchen Übertreibung nötig war, um zu erreichen, daß man über die Verhältnisse wenigstens ein wenig nachdenkt und vielleicht versucht, bessere Mischungen zwischen beiden Komponenten herzustellen und sich damit einer Wirkungsästhetik zu nähern, die Friedrich Schiller bereits gültig, auch für Werbeleute, formuliert hat. Er hat nämlich gesagt: »Hinter dem Schönen, das unterhält und gefällt, sollte immer das Nützliche erscheinen, das zur Vernunft spricht.«

Sprechen mit vollem Mund
Über geselligen und gesellschaftlichen Konsum

Da man bekanntlich mit vollem Mund nicht spricht, kann mein Thema nichts anderes meinen als eine Art von Kommunikation, die auch ohne Worte funktioniert. Von dieser Art gibt es gerade bei Tisch und um den Tisch herum eine ganze Menge zu beobachten; was ursächlich damit zusammenhängt, daß das miteinander Essen und Trinken erstens ein kulturell gestalteter und zweitens auch ein sozial gestalteter Vorgang ist.

Damit wir das Wort »sozial« in meinem Zusammenhang richtig verstehen, erlaube ich mir eine kurze Definition. Das Wort hat im allgemeinen Sprachgebrauch heute einen eher negativen und unangenehmen Beigeschmack. Es riecht, wenn man es gebraucht, eigentlich immer so ein bißchen nach armen Leuten, nach Sozialamt, nach Fürsorge und Mitleid. Der Sozialwissenschaftler versteht »sozial« anders. Und nur so, wie er es versteht, möchte ich es hier auch verwenden. Für ihn – und ich beziehe mich insbesondere auf einen Klassiker dieser neueren Blickweise, auf den Schleswig-Holsteiner Ferdinand Tönnies – ist eine »soziale Beziehung« ein gewolltes Zusammen von Menschen, d.h. ein willentlich herbeigeführtes, irgendwie positiv bewertetes Verbundensein. Dies muß nicht unbedingt von leiblicher Natur, es kann auch ein gedachtes Zusammen sein. »Sozial« sind also gewollte Verbundenheiten in vielfältigsten, durch menschliche Phantasie ermöglichten Formen.

Wieweit nun lassen sich die genannten Aspekte von kultureller Gestaltung und sozialer Verbundenheit nutzen, um sich dem Thema Essen und Trinken einmal aus einer anderen Sichtweise zu nähern, als der des Hungers, des Durstes oder der Diät? Um uns darüber ein wenig mehr Klarheit zu verschaffen, lenke ich Ihre Aufmerksamkeit zunächst auf ein Abendessen, das wie kein anderes unseren Kulturkreis beeinflußt hat – das Abendmahl, jenes berühmte Abendessen vor knapp 2000 Jahren. Ohne in unserem Kreis unangemessene Weihe verbreiten zu wollen, lese ich Ihnen die entsprechende Passage aus dem Markus-Evangelium einmal vor. Die von diesem Evangelisten überlieferte Beschreibung jenes Abendessens enthält einiges Bemerkenswerte für unser Thema.

Als der Tag des auch damals schon üblichen österlichen Festessens näherrückte, wurde Christus von seinen Jüngern gefragt: »Wo willst du, daß wir hingehen und bereiten, daß du das Osterlamm essest? Und er sagte: Geht hin in die Stadt, und es wird euch ein Mensch begegnen, der trägt einen Krug mit Wasser; folgt ihm nach, und wo er eingeht, da sprecht zu dem Hauswirt: Der Meister läßt dir sagen: Wo ist das Gasthaus, darinnen ich das Osterlamm esse mit meinen Jüngern? Und er wird euch einen großen Saal zeigen, der mit Polstern versehen und bereit ist; daselbst richtet für uns zu. Und die Jünger gingen aus und kamen in die Stadt und fanden es, wie Er ihnen gesagt hatte, und bereiteten das Osterlamm. Am Abend aber kam er mit den Zwölfen. Und als sie zu Tische saßen und aßen, sprach Jesus: Wahrlich, ich sage euch: Einer unter euch, der mit mir isset, wird mich verraten. Und sie wurden traurig und sagten zu ihm, einer nach dem anderen: Bin ich's? Und der andere: Bin ich's? Er antwortete und sprach zu ihnen: Einer aus den Zwölfen, der mit mir in die Schüssel taucht . . . Und indem sie aßen, nahm Jesus das Brot, dankte und brach's und sprach: Nehmet, esset; das ist mein Leib. Und nahm den Kelch und dankte und gab ihnen den; und sie tranken alle daraus. Und er sprach zu ihnen: Das ist mein Blut des neuen Testaments, das für viele vergossen wird.«

Dies folgenreiche Mahl verweist in der Beschreibung durch Markus auf vier Gestaltungsaspekte eines Essens, die ich im folgenden ein wenig näher untersuchen möchte.

Der eine Aspekt ist die Auswahl und Gestaltung des Ortes. Man aß nicht etwa zuhause, irgendwo bei einem der Jünger, sondern suchte sich ein Gasthaus. Man gestaltete es durch die

»Polstersessel« und auch durch anderes mehr, um es ein bißchen bequem zu haben und in angemessenem Ambiente die Ostermahlzeit miteinander zu zelebrieren.

Der zweite Aspekt ist die Einverleibung einer Speise offensichtlich nicht nur zum Sattwerden; sondern begriffen als ein Vorgang, der zugleich symbolische Bedeutung hat. Eßt das Brot – das ist mein Leib; trinkt den Wein – das ist mein Blut.

Der dritte Aspekt ist die Bekräftigung einer sozialen Verbundenheit, wie ich sie oben definiert habe. Dieses Abendessen ist in der Entwicklung der Freundschaft zwischen den Jüngern und Christus ein entscheidender Augenblick. Er befestigt die Gemeinschaft so, daß sie auch nach dem Tode Christi Bestand hatte.

Der vierte Aspekt ist der, der durch Judas hinzukommt. Es wird nämlich die soziale Gestalt der Mahlzeit bedroht durch ein Element des A-Sozialen, durch das Böse. Unter diesen vier Aspekten möchte ich einige Bemerkungen zu unserer heutigen Wirklichkeit zusammentragen.

Nahezu alle, die ein Essen herrichten, möchten, daß es irgendwie schön wird. Es soll schön aussehen, es soll gefallen, nett sein. Man richtet das Essen her. Man nimmt die Speise nicht einfach so, wie die Natur sie gibt. Man gestaltet. Warum geben sich die Menschen so viel, ja mitunter extrem viel Mühe, ein Essen – und ich spreche immer vom gemeinsamen Essen – schön zu gestalten? Weil, so sagt schon Friedrich Schiller, das Schöne, die schöne Form, die Manier also, in der man etwas tut, ein vorzügliches Mittel ist, »die Seele des anderen zu öffnen und Hindernisse in seinem Gemüt hinwegzuräumen.« Der bloße Ernährungsnutzen ist dazu nicht in der Lage, weil er die Menschen gefangen hält im Notwendigen – Hunger und Durst. Das Schöne erst öffnet den Menschen bei Tisch für den anderen, für das, was in seinem Gemüt vorgeht; bereitet die Seele vor, alles das, was beim Essen noch so stattfindet, in sich aufzunehmen. Die sinnenhaft schön gestaltete Mahlzeit also soll offensichtlich nicht nur den Hunger stillen und den Durst, sondern über diesen Zweck hinaus durch ihre Gestalt

Sinn offenbaren: etwas, was der andere für mich gedacht hat, und wie er an mich gedacht hat. Und nur deshalb, weil die Gestaltung diese Bedeutung hat, machen wir uns auch so viele Gedanken darüber, z.B. über die Frage »Wo könnten wir unser Essen veranstalten?«

Unendlich viele Auswahlmöglichkeiten stehen zur Verfügung. Machen wir es zuhause oder wie im Falle des Abendmahls im Restaurant? Aber ebenso wie zuhause gibt es ja auch im Restaurant wiederum allerlei Wahlmöglichkeiten. Wir können zu McDonalds gehen, wir können in ein schlichtes Gasthaus, wir können aber auch in Hamburg zu Scherrer, in ein Vier-Sterne-Restaurant gehen. Während außerhalb die Gestaltung mehr oder weniger in den Händen eines Fremden liegt, eröffnen sich beim Essen zuhause viele eigene Gestaltungsmöglichkeiten: Essen wir in der Küche oder im Eßzimmer oder im Wohnzimmer beim Fernsehen? Was wiederum mit der Frage zusammenhängt, zu welchem Anlaß wir uns zum Essen versammeln – aus einem offiziellen, einem Geburtstag, einem Jubiläum, einer Hauseinweihung – oder einfach nur so, weil wir jemanden spontan, ohne Anlaß, einladen, einfach, um mal mit ihm zu essen; was dem anderen ja eine ganze Menge signalisieren kann.

Hat man die Entscheidung getroffen, so folgen weitere Fragen. Wie richten wir das Essen her? Mit oder ohne Kerzen? Mit Musik oder ohne? Mit Papier- oder Stoffservietten? Nehmen wir – was für manchen noch immer ein wichtiger Punkt ist – das gute Geschirr?

All diese Überlegungen haben mit der Grundfunktion des Essens und Trinkens nahezu nichts mehr zu tun. Hier geht es um Gestaltung, um Form und den Willen zum Schönen als Geste gegenüber anderen, für die man es macht und für die man das alles bedenkt.

Dieses Denken an den anderen beherrscht viele Überlegungen auch bei der Vorbereitung und Ausrichtung des Essens. Wir sollten uns vorstellen – und hier wird das Soziale ein geistiger und phantasieerfüllter Vorgang – daß auch derjenige, der im Supermarkt seine Gitterkarre vor sich herschiebt und aufpassen muß, daß er anderen nicht in die Hacken fährt, bei der Auswahl am Regal, an der Fleischtheke oder am Gemüsestand neben dem Blick auf die Ware, auf ihre Produkteigenschaften und auf den Preis, in seinem Kopf auch immer daran denkt, was er damit anstellen will und für wen. Ist es genug für ihn; hat er es schon mal bei mir gegessen; mag er das vielleicht nicht? Man zögert, man denkt nach und voraus. Man sucht in seinem Kopf nach Orientierungen.

Wir dürfen uns also vorstellen, daß dieser Käufer, noch während er im Supermarkt ist, immer auch schon zuhause am Herd steht und bei Tisch ist, vielleicht sogar schon an die Situation denkt, da die Gäste sich bereits verabschiedet haben. Sollen sie doch sagen, daß es schön war, daß es gut geschmeckt hat und daß sie gerne wiederkommen würden. Vielleicht antworten sie sogar mit einer Gegeneinladung. All diese Gedanken gehen einem normalen Menschen durchaus auch dann durch den Kopf, wenn er gerade im Supermarkt für 99 Pfennig irgendein Tütchen kauft. Allerdings findet das Ganze nur in seiner Phantasie, in seiner Vorstellung statt. Aber der Mensch ist ein phantasievolles Wesen. Und seine Phantasie ist eben jenes Sozialorgan, das es ihm ermöglicht, vielgestaltige Verbindungen zu anderen Menschen herzustellen.

Die gedeckte Tafel ist insofern in ihrer Gesamtgestalt Ausdruck von Verbundenheit mit einem oder mehreren anderen. Sie vermittelt, wie man zu anderen stehen will, wie man sie einschätzt, was man mit ihnen vorhat. Sie ist nicht einfach nur das Anbieten von Speisen und Getränken.

Darüber hinaus ist die Gestaltung einer Mahlzeit sicher auch eine Chance, die eigenen kreativen Kräfte auszuleben. Schon das Kochen selbst ist ja ein schöpferischer Vorgang. Und das, was da geschaffen wird, ist sogar einmalig; es wird sich so nie wiederholen; selbst wenn man es wollte und nach demselben Rezept kochte, würde es beim nächsten Mal immer doch ein bißchen anders und also speziell sein.

Es ist eigentlich schade, daß die deutsche Sprache diese Kreativität, die im Kochen liegt, zudeckt. Und zwar insofern, als die Sprache nur dies eine Wort hat – Kochen – für zwei Vorgänge, die prinzipiell verschieden sind: der eine ist kreativ und der andere nicht. Ein Sprachwissenschaftler hat das einmal mit den Begriffen »affiziertes« und »effiziertes« Objekt erklärt. Was er meint, ist folgendes: Es gibt einen deutlichen Unterschied zwischen »Ich koche Kartoffeln« und »Ich koche Suppe«. Das erste ist nicht kreativ; denn da wird ein Objekt durch Zuführen von Hitze nur weichgekocht. Die Kartoffeln selbst existieren vorher schon und sind hinterher noch da; und sähe man nicht ganz genau hin, könnte man zwischen den rohen und den gekochten Kartoffeln kaum einen Unterschied feststellen. Das Kochen einer Suppe ist ein völlig anderer Vorgang. Da entsteht durch das Kochen etwas, was es vorher gar nicht gegeben hat. Durch das Zusammenfügen und Behandeln von Bestandteilen entsteht ein Objekt, das im Sinne der Sprachwissenschaften eben ein effiziertes, also erst in diesem Augenblick hervorgebrachtes ist. Das ist der eigentlich kreative Vorgang des Kochens. Der andere ist lediglich die Behandlung vorgegebener Materie. Beides aber heißt bei uns »Kochen«. Beim Backen ist das, Gott sei Dank, sprachlich schon anders. Backen kann man wirklich nur im Sinne eines kreativen Fertigungsvorganges verstehen. Weshalb man sich dann in der Werbung auch schwer damit tut, einen Tiefkühlkuchen verbal zu bearbeiten. Man kann ihn nämlich zuhause nicht »backen«; der duftet höchstens »wie« selbstgebacken; aufbacken kann man ihn vielleicht – aber das ist eben schon nicht mehr »backen«.

Von diesem kleinen Exkurs nun zu jenem zweiten Aspekt, der mir in der Abendmahlgeschichte bemerkenswert erscheint: die Einverleibung.

Mit dem Brotbrechen und dem Weintrinken und der Wiederholung dieses Vorgangs bei jedem Abendmahl in der Kirche wird ja ein symbolischer Vorgang beschrieben. Zwar ist es auch Essen und Trinken, aber es ist eben zugleich noch etwas anderes: die Einverleibung der Liebe Gottes, der den Menschen seinen Sohn geschenkt und geopfert hat. Indem also das Sichtbare auf dem Teller unsichtbar gemacht wird, macht man gleichzeitig Verbundenheit sichtbar.

Das mag ein wenig philosophisch klingen, ist aber ganz real und auch im nicht-religiösen Bereich beobachtbar. Wenn sich jemand bei einem gemeinsamen Essen weigert, das Aufgetragene zu essen, ist der andere sehr getroffen. Warum? Weil es bedeutet, daß man die Liebe, die Zuwendung des anderen ablehnt. Und wenn man auch nur zögert, so gibt es doch – und jeder wird das bereits erlebt haben – Störungen im Verbundenheitsgefüge einer Tischgesellschaft. Selbst wenn man mit der heute sehr verständlichen Begründung »Diät« oder ähnlichem kommt. Spätestens, wenn der Pudding aufgetragen wird, gibt es zumindest eine Diskussion darüber, daß man ihn ja eigentlich nicht mehr essen darf. Und allen guten Gründen und Entschuldigungen zum Trotz ist die Hausfrau ein wenig betroffen, wenn man ihre Creme, ihre Mousse au Chocolat oder ihren Obstsalat stehen läßt.

Die Einverleibung als symbolischer Vorgang – so ist es beim Abendmahl, so ist es beim normalen Essen, so ist es sogar beim Freßpaket, das ein Vater seiner studierenden Tochter schickt. Indem sie es in sich hineinfuttert, ißt sie auch die Zuwendung der Mama oder des Vaters.

Das Nichtannehmen einer Mahlzeit, die ein anderer für mich vorbereitet hat, kann ja auch Mißtrauen ausdrücken. Wer die Berichte von Eroberern oder Völkerkundlern liest, stellt fest, daß sie bei der Begegnung mit fremden Völkern häufig in eine schwierige Situation kommen – in dem Augenblick, wo es gemeinsam zu Tische geht. Da werden Ekligkeiten vorgesetzt, die man in der Heimat niemals in den Mund nehmen würde. Für den eingeborenen Gastgeber eine ziemlich wichtige Situation. Und deshalb verfolgt er sehr kritisch, ob und wie sein Gast die Speise annimmt.

Die erfolgreichsten unter den Eroberern dürften immer die gewesen sein, die sich nicht geekelt haben.

Das Einverleiben von Fremdem, das Überwinden von Mißtrauen gegenüber einem, den man nicht kennt, vollzieht sich nicht nur in solchen riskanten Situationen; es geschieht auch in viel harmloseren Augenblicken, die wir heute als selbstverständlich ansehen – indem wir Pizza essen, Lasagne, Ente l'orange, Hamburger Rote Grütze oder argentinisches Steak. Dies alles sind Möglichkeiten, sich mit einer fremden Speise das Entfernte, die entfernte Stadt Hamburg, das entfernte Land Frankreich, Italien oder noch fernere Regionen »einzuverleiben«; ein symbolischer Vorgang, der zeigt, daß die Internationalisierung viel weiter entwickelt ist, als es Politiker und Ländergrenzen wahrhaben wollen. Man hat seine Scheu vor dem Fremden eigentlich abgelegt und macht dies eben und gerade durch das Essen deutlich.

Allerdings wird dieser Einverleibungsprozeß nicht immer so bereitwillig in Gang gesetzt. Es gibt auch Verweigerungen; selbst dort wo nicht lebendige Affenhirne auf den Tisch kommen. Wer auf Gran Canaria, auf Mallorca in die Touristenviertel geht, wird – ohne sich groß zu wundern – die Kneipen finden, wo »Futtern wie bei Muttern« angeboten und genossen wird. Unter dem Aspekt des Sozialen ist dies ein Versuch, sich nicht total dem Fremden zu überantworten, sondern wenigstens zwischendurch mal »zuhause« zu sein. Es ist, auch wenn es einen primitiv anmutet und man meint, ein Weltbürger müßte das alles hinter sich gelassen haben, eine Chance, sich am unvertrauten Ort das Vertraute einzuverleiben.

Mit dem Begriff des Vertrautseins nähere ich mich dem dritten Aspekt aus dem Abendmahl: das miteinander Essen als soziale Gestalt, d.h. als Ausdruck von gewollter Verbundenheit. Der Vorgang enthält nämlich eine Komponente, die für das Zusammenleben von Menschen ungeheuer wichtig ist und ohne die das Zusammensein überhaupt nicht funktionieren würde, nämlich den sozialen Baustein des Vertrauens. Die Speise von jemandem zu essen, der sie für einen zubereitet hat, und dem man nicht in die Küche oder in die Töpfe schauen konnte, dem man bei der Auswahl und Vorbereitung der Zutaten nicht zuschauen konnte, das ist Ausdruck sogar von blindem Vertrauen. Das blinde Vertrauen in den Koch. Nicht immer ist es gegeben. Wir kennen Fußballmannschaften, die bei Reisen in ferne Länder ihren eigenen Koch mitnehmen. Wir wissen von Königen und Staatspräsidenten, die nicht nur ihre Leibwächter, sondern auch ihre Leibköche dabei haben.

Das Soziale am Essen beschränkt sich nicht auf dieses Urvertrauen allein. Soziales läßt sich auch dort beobachten, wo Essen sozusagen sozial-strategisch eingesetzt wird, wo man Bündnisse durch eine gemeinsame Mahlzeit bildet (z.B. mit einer ersten Einladung an einen Geschäftspartner oder an einen charmanten Mitmenschen); oder wo man durch ein gemeinsames Essen eine bestehende Verbindung bekräftigen möchte (z.B. durch eine Gegeneinladung); oder wo man eine solche Verbindung in eine etwas andere Richtung steuern möchte (man lädt den Geschäftspartner zum ersten Mal zu sich nach Hause ein, man stellt bei einem Essen zu zweit zum ersten Mal Kerzen auf den Tisch, man kocht jemandem zum ersten Mal sein Lieblingsessen). Die gewählte Gestalt drückt immer Absicht aus – Distanz, Annäherung, Nähe. Und sie richtet sich immer auf den oder die anderen. Und weil der andere dies spürt, ist er seinerseits in seinen Reaktionen und in seinem Verhalten von der Gestaltung und dem Gestaltungsaufwand, der ihm begegnet, gebunden, ja gesteuert. So wagt er z.B. nicht, Kritik am Essen zu äußern, wenn er spürt, mit wieviel Liebe es zubereitet wurde. Ist aber der Gestaltungsaufwand des Einladenden eher gering, wie z.B. bei einer Einladung ins Restaurant, so lockert sich die kritische Zunge schon eher. Wie sehr das Essen von allen Beteiligten als soziale Veranstaltung angesehen und empfunden wird, wird spätestens dann deutlich, wenn sie sich in der Küche versammelt haben, um zu erklären, daß es hier doch am gemütlichsten sei. Nichts anderes als die

Versammlung um das alte Herdfeuer, wo aus Gesellschaft Gemeinschaft wird.

Aber auch soziale Unverbundenheit kann beim Essen augen- und sinnfällig werden. Man erkennt an den Tischmanieren des anderen, am abgespreizten Finger, am Verwechseln der Bestecke, am hilflosen Umgang mit dem Finger-Wasserschälchen, daß hier nicht Gleiche versammelt sind. Spätestens beim kalten Büffet wird dieses offenbar, wenn der eine mit einem übervoll gepackten Teller an seinen Tisch zurückmarschiert, der andere aber sich nur dezent und sparsam eindeckt. Das Zwischen-Menschliche – ob als verbindendes Moment oder als dazwischenstehendes – entscheidet sogar mit darüber, ob und wie es einem schmeckt. Nicht ohne Grund sagt man, daß einem die schlechte Laune des anderen das Essen verderben kann. Ähnliches dürfte William Shakespeare gemeint haben, als er der Lady Macbeth folgenden Tadel in den Mund legt: »Mein königlicher Herr, Ihr seid kein heitrer Wirt. Das Fest ist feil, wird nicht das Mahl durch Freundlichkeit gewürzt, durch Willkomm erst geschenkt. Man speist am besten daheim; doch auswärts macht die Höflichkeit den Wohlgeschmack der Speisen, nüchtern wäre die Gesellschaft sonst.«

Dem Macbeth verdanken wir auch ein literarisches Beispiel für das, was ich mit dem vierten Aspekt des Abendmahls gemeint habe: die Bedrohung der sozialen Gestalt »Miteinander Essen« durch den Einbruch des Bösen, des A-Sozialen. Das Abendessen, auf das sich die Äußerung der Lady Macbeth bezieht, endet nämlich mit einer Katastrophe, weil plötzlich der Geist des ermordeten Banquo mit am Tisch sitzt und den Mörder Macbeth zum Wahnsinn und die Gäste aus dem Haus treibt. Eine harmonische oder nur harmonisch erscheinende soziale Gestalt – das Festmahl – wird durch das Böse oder seine Entdeckung gesprengt.

Gerade in der Literatur ist dies häufiger zu beobachten. Man denke nur an den Auftritt des Comtur im Don Giovanni oder an Krimhilds Rache. Sie läßt ihre Verwandten beim Abendessen, wo sie vertrauensselig ohne Waffen erscheinen, niedermetzeln.

Man erinnere sich an Tiutus Andronicus, der zu seinem Entsetzen feststellen muß, daß er soeben seine eigenen Kinder verspeist hat. Auch als Grundmotiv im Märchen begegnet uns die Verknüpfung des Bösen, der Feindschaft mit dem Essen, z.B. bei Schneewittchen und dem Apfel, den ihm die verkleidete Königin verabreicht.

Und gerade weil das Essen eine zutiefst vertrauensvolle Handlung ist, gilt der Bruch dieses Vertrauens als so verabscheuungswürdig; weshalb Giftmischer früher unbedingt mit dem Tode bestraft wurden und weshalb sich die Öffentlichkeit heute so vehement empört, wenn sie durch eine Fernsehsendung über Würmer im Fisch oder andere Unanständigkeiten in Lebensmitteln informiert wird.

Wir sind es gewohnt, Essen und Trinken als einen eminent gesellschaftlichen, geselligen, sozialen Vorgang zu begreifen und zu bewerten. Und das erklärt eben auch unsere Reaktionen auf Störungen dieses sozialen Vorgangs. Ich erinnere mich an einen Film, in dem Charly Chaplin in einer Berghütte hauste, und in die er eine junge Dame zum Essen eingeladen hatte. Mit seinen bescheidenen Mitteln hatte er ein Dinner for Two arrangiert – aber die Angebetete erschien nicht. Und über eine lange Strecke des Films wurde gezeigt, wie Charly Chaplin versuchte, mit diesem Nichterscheinen fertig zu werden. Und ich war gewiß nicht der einzige, der Mitleid mit ihm empfunden hat; ein Mitleid, das man auch an anderen Szenen festmachen kann, wenn z.B. eine Geliebte ein kleines Essen arrangiert, die Kerzen jedoch niederbrennnen, ohne daß der Geliebte erscheint. Der leere Platz und das darüber empfundene Mitleid sind Ausdruck dafür, wie sehr wir Essen als einen Vorgang begreifen, der nicht darauf angelegt ist, ihn allein zu erleben.

Daß wir dann beim Dinner for One zu Silvester gleichwohl lachen können, wenn eine alte Lady mit ihren Geistergästen am Tisch sitzt, das haben wir letztlich nur der Phantasie der alten Dame zu verdanken, die so kräftig ausgebildet ist, daß sie längst verblichene Personen durch ihre Vorstellungskraft ersetzt.

Freundlich unterstützt durch ihren alten Butler füllt sie die leer gebliebenen Plätze und überwindet die Absurdität eines Dinners for One, das es ja eigentlich gar nicht geben kann, weil ein Dinner immer eine Veranstaltung für mehrere ist. Wie selbstverständlich uns das Essen als gemeinschaftlicher Vorgang ist, wird schließlich und endlich auch dadurch deutlich, daß wir inzwischen zwar ohne weiteres in einem Hotel Einzelzimmer vorfinden; aber im Restaurant desselben Hotels und auch in keinem anderen Restaurant der Welt jemals einen Tisch gedeckt finden für nur eine Person. Immer ist er mindestens für zwei gedeckt.

Ähnliches ist auch in den redaktionellen Beiträgen von Zeitschriften zum Thema Wohnen zu beobachten. Selbst wenn es sich um die Wohnung eines Singles handelt, in dessen Schlafzimmer brav ein Einzelbett aufgebaut ist, ist doch der Eßtisch in dieser Wohnung, selbst wenn es sich nur um eine Eßecke handelt, immer ein Platz für mindestens zwei, wenn nicht sogar für vier. Auch Kochrezepte gibt es nicht für Einzelportionen. Eher hat man heute Mühe, die Vorgaben von acht Personen auf die realistischen zwei herunterzurechnen. Das alles ist handfester Ausdruck dafür, wie sehr das Essen von uns als ein soziales Phänomen a priori begriffen und bewertet wird. Und so gesehen erweist sich der gedeckte Tisch noch immer als ein zumindest symbolisches Bollwerk gegen Tendenzen unserer Gesellschaft, die zum Single und zur Vereinzelung führen. Indem er in seiner besonderen Gestalt an die Möglichkeiten des Sozialen erinnert.

Die Marken-Bilanz

Ein Instrument zur Bestimmung und Steuerung von Markenwerten

»If they were to offer a price that reflects the full value of Kraft, we would negotiate with them.« Mit diesem Satz hielt John M. Richman die Verhandlungstür zu Hamish Maxwell (Philip Morris) offen, schrieb die Herald Tribune am 25. Oktober 1988. Als die Übernahme wenige Tage später für 13,1 Milliarden Dollar gelaufen war, kommentierte der Spiegel: »Vom Kaufrausch gepackt, zahlen die Erwerber Preise, die häufig den tatsächlichen Wert der Firmen bei weitem übersteigen.«[1]

The full value of Kraft, der tatsächliche Wert der Firma – liegt er nun bei 13,1 Milliarden oder nicht? Banker und Manager bewegen sich mit Preis-Fragen dieser Art entweder in unvertrautem Gelände oder sie wissen etwas, was andere nicht wissen.[2] Der Markenartikler ahnt zumindest, welche Werte hier gehandelt werden; gehen ihm doch Begriffe wie »Marken-Kapital«, »Marken-Potential« und »die Marke als Unternehmensgut« häufig genug von den Lippen.[3] Mit diesen Formeln wird allerdings ein Besitztum beschworen, das schwer oder kaum wertmäßig zu greifen ist.

Wie wurde bisher gemessen?

In den Bilanzen von Unternehmen mit Markenartikeln – und nur von diesen soll im folgenden die Rede sein – taucht es jedenfalls nur als bescheidene Randgröße unter der Rubrik »Immaterielle Vermögensgegenstände« oder »Gewerbliche Schutzrechte« auf. Die dort ausgewiesenen niedrigen Summen verblüffen insbesondere dann, wenn sie für Marken stehen, die das Unternehmen irgendwann für teures Geld erworben hat. Hier wirkt sich eine

Abschreibungspraxis aus, die den mit einem Markenzeichen gekauften Goodwill wie den Nutzwert einer Maschine einstuft, die sich durch ihren Gebrauch verbraucht. Außerdem spiegelt sich in den niedrigen Werten ein Bilanzverständnis, in dem kein Platz ist für Werte, die nicht eindeutig zu beziffern[4] und deshalb »manipulierbar« sind.

Es ist leicht einzusehen, daß die Bilanz eines Markenartikelunternehmens also keinerlei Erklärungskraft besitzt, wenn es um die Bestimmung der Markenwerte[5] geht.

Nur wenig näher kommt man dieser Bestimmungsgröße, wenn man Umsätze, Kosten und Erträge zugrunde legt. Denn damit werden gewissermaßen nur die Zinserträge des Markenkapitals erfaßt. Die Höhe dieses Kapitals selbst und damit auch der Zinssatz bleiben eher im Dunkeln. Weshalb sich Aktionäre und Controller noch jedesmal die Augen reiben, wenn ein neuer Milliarden-Deal aufgeht.

Den »tatsächlichen Wert« von Marken besser zu erfassen, hatte sich die Portfolio-Analyse[6] vorgenommen, ein inzwischen gebräuchliches, zweidimensionales Bewertungsschema, das, wenn es mit einem naturgesetzlich verstandenen Lebenszyklus-Modell verknüpft wird, schon manchen Star voreilig gekürt und manche Milchkuh hat sterben lassen.[7] Professionell gehandhabt, hat die Portfolio-Technik gleichwohl manches dazu beigetragen, die augenblickliche und eine mögliche zukünftige Qualität von Sortimenten und Marken zu beschreiben und Maßnahmen daraus abzuleiten.

Das Problem, dem sich der Wall-Street-Analyst gegenübersieht, wenn er den Tauschwert von Markenzeichen bestimmen und damit einen vernünftigen Kaufpreis für ein Markenartikelunternehmen ermitteln soll, ist prinzipiell das gleiche, das der Eigentümer hat, selbst wenn er sich gar nicht mit Verkaufsabsichten trägt. Und es ist so komplex, daß auch eine Kombination aus Bilanzzahlen, Gewinn- und Verlustrechnungen, Portfolio-Analysen und vertrauten Marketing-Parametern keine zuverlässigen

Aussagen ermöglicht. Schuld daran ist zum einen, daß Produkt-Manager und Marketing-Vorstände nicht unbedingt interessiert sind, den durch ihr Handeln stark beeinflußten Markenwert einsichtig zu machen und regelmäßig kritisch zu überprüfen; zumal auch Controller oder Unternehmensberater danach nicht fragen, sondern sich in aller Regel mit den üblichen Kennziffern begnügen.

Wo und wie wird die Marke thesauriert?

Schuld daran ist aber vor allem die Tatsache, daß der Markenwert nicht im Unternehmen und nicht in den Markenwaren selbst, sondern an einem ganz anderen, nur schwer zugänglichen Ort thesauriert wird: in den beiden Hirnhälften der Konsumenten oder – wie Hans Domizlaff es nennt – im Massenhirn.[8] Wer das Recht an einem bekannten Markenzeichen besitzt oder erwirbt, hat also das »Sesam, öffne dich!«, den einzigen Schlüssel zu jener merkwürdigen Schatzkammer in Händen. Anders gesagt: Er darf als einziger das »Franchise«, die etablierte Beziehung zwischen dem Zeichen und jener Wesenheit für seinen Unternehmenszweck nutzen.

Wodurch aber entstehen handlungsrelevante, markenspezifische Wertvorstellungen im Konsumenten? Durch Eindrücke, die er aus verschiedenen Richtungen im Laufe der Zeit empfängt:

- Durch eigene, reale Produkt- und Markenerfahrungen (beim Kauf, beim Gebrauch, beim Vergleich mit anderen Produkten/Marken und ihren Leistungen)
- Durch Werbung, das heißt symbolische Kontakte mit der Marke
- Durch Kommunikation mit Menschen, die die Marke kennen; wozu auch die Kritiker und Ablehner gehören können
- Durch bloße Beobachtung anderer Verwender: Wer sind diese anderen, wie gehen sie mit dem Produkt, der Marke um?

- Durch Wahrnehmungen am Ort des Kaufs: Wie ist das Produkt plaziert, welches ist sein Umfeld, wie ist der Preis, wie sehen die verkaufsfördernden Maßnahmen aus (Grabbeltisch oder Depot)?
- Durch redaktionelle Mitteilungen der Medien: PR-Berichte, aber auch Warentests oder andere, publikumswirksame Veröffentlichungen.

Wie der Konsument diese Eindrücke verarbeitet und wie sehr er sein Verhalten davon beeinflussen läßt, hängt gewiß davon ab, welche Bedeutung die Produktkategorie in seinem persönlichen und sehr situativen Konsumsystem hat.

Mit einem solchen Hinweis auf die prinzipielle »Unberechenbarkeit des Käufers« könnte man den Versuch, die Bedeutung der oben beschriebenen Eindrücke zu verallgemeinern, sogleich als ziemlich aussichtslos abtun. Betrachtet man jedoch nur Produktkategorien, in denen mindestens zwei Marken um des Käufers Gunst buhlen, dann gelten alle persönlichen Bedingungen beim Käufer ja immer auch für die andere(n) Marke(n), womit die Vergleichbarkeit hergestellt wäre.

Was ist der Markenwert?

Der Markenwert ist die Gesamtheit aller positiven und negativen Vorstellungen, die im Konsumenten ganz und teilweise aktiviert werden, wenn er das Markenzeichen wahrnimmt, und die sich in ökonomischen Daten des Markenwettbewerbs spiegeln.

Dieser Definition ließen sich ohne weiteres und ohne große Mühe noch andere an die Seite stellen. Sie zu diskutieren, sehen die Verfasser jedoch nicht als ihr Ziel; haben sie doch zu oft erlebt, daß solche Auseinandersetzungen über Begriffe zu einem apologetisch genutzten Pluralismus führen, der das eigene Marken- und Marketinghandeln unvergleichbar und alles a priori subjektiv erscheinen läßt.

Was will das Instrument »Marken-Bilanz«?

Ziel ist es, erstmals ein auf praktische Erfahrungen gegründetes und genügend ausdifferenziertes Modell für die Bewertung und Steuerung von Marken zu liefern. Es hat u.a. folgende Vorteile:

- Es wird mit Daten gefüttert, die in vielen Markenartikelunternehmen ohnehin verfügbar sind. Wenn nicht, sollten sie beschafft werden, denn sie erscheinen zur Führung einer national distribuierten, beworbenen Marke erforderlich. Ein Jumbo kann auch nicht mit vier oder fünf Instrumenten gesteuert werden. Und der Wert einer Marke übersteigt den Wert eines Jumbos oft beträchtlich.
- Es ist gegen persönlich motivierte Interpretation von Datenmaterial einigermaßen immun; und insofern auch ein für Aufsichtsgremien geeignetes Instrument.
- Es eröffnet eine neue Möglichkeit, das Controlling in die markenstrategische Arbeit des Marketing konstruktiv einzubinden und aus der oft beklagten Rolle des bloßen »Kostenschneiders« herauszuführen.
- Es kann helfen, Mitarbeiter daraufhin auszuwählen oder dahin zu erziehen, daß sie zu markenwertsteigerndem Handeln fähig sind.

Diese Gedanken konstruktiv aufzunehmen und mit dem Instrument erfolgreich zu arbeiten, setzt allerdings voraus, daß man zwei Bedingungen einhält:

- Der Markt, den man eingangs als den für die Marke relevanten festlegt, muß auch für alle folgenden Berechnungen und Bewertungen als Basis gelten. Es empfiehlt sich, ihn eher breiter, nach dem »Marktmodell« der Konsumenten und der Händler auszulegen und ihn nicht eng und kunstvoll nach eigenem Gusto zuzuschneiden. Schließlich handelt es sich bei konsumierenden Menschen und Händler-Regalen um endliche Größen. Kein Mensch kann zwei Zigaretten gleichzeitig rauchen oder zwei Getränke gleichzeitig zu sich nehmen oder mit zwei Waschmitteln gleichzeitig waschen; und kein Händler kann alle Produkte gleichzeitig führen. Will sagen: die Verfasser plädieren für einen eher erweiterten Segmentierungsansatz, mit dem sich eine Marke nicht so leicht schönrechnen kann, wie jenes Mineralwasser, das sich in der Lebensmittelzeitung als »Marktführer im Segment der 0,33-Liter-Einwegflasche mit Kronenkorken« empfahl.

- Bei der ersten wie bei jeder folgenden Anwendung müssen stets alle Kriterien erfaßt werden. Nur so ist der selektiven Wahrnehmung vorzubeugen, die manchen Flop zum Erfolg hochzustilisieren vermag und das Bewußtsein vor der ernüchternden Realität schützt, indem sie nur einige, mitunter irrelevante Daten sichtet und weiterreicht.

Das Instrument

Der nun folgende, empirisch geleitete Versuch, den Wert einer Marke durch eine Auswahl bestimmter Kriterien, durch Daten, Skalen und letztlich durch eine Zahl zu ermitteln, könnte den Eindruck erwecken, als huldigten die Verfasser einer elementaristischen, technokratischen Vorstellung von Markenführung. Das Gegenteil ist der Fall: Sie wissen um die Ganzheitlichkeit, um die undurchdringliche Vernetztheit und um das Eigenleben des Markenphänomens; ganz im Sinne von Hans Domizlaff, der schrieb: »Es ist keine mechanische Rechnung, die zu guten Markenschöpfungen führt, sondern ein durch Selbsterziehung gewonnenes Einfühlungsvermögen, ein schöpferischer Einfall, der die vielen – bewußt meist gar nicht mehr übersehbaren – beziehungsreichen Fäden zu einem festen Gewebe vereinigt, um ein Markengebilde entstehen zu lassen, das bereits in der Geburtsstunde seinem Schöpfer gegenüber Selbständigkeit zu beanspruchen anfängt und auf dem Markt eine Lebenskraft beweist, die nur noch Diener duldet«.[9] Auch an einem solchen gestalthaften, organisch verfaßten Phänomen[10] ist Mechanisches meßbar.[11] Dafür ein differenziertes Meß-Instrument bereitzustellen, möge deshalb nicht als unangemessen, sondern als dienlich angesehen werden.

19 Kriterien, die nach unserem Dafürhalten gute Indikatoren für den Markenwert sind, haben wir ausgewählt. Je nach ihrem vermuteten Einfluß auf den Markenwert sind sie unterschiedlich gewichtet. Um die Vergleichbarkeit und Operationalität zu gewährleisten, werden alle Kennziffern in Skalenwerte transformiert. Gewichtungen und Skalenwerte wurden so gewählt, daß über die 19 Kriterien eine Maximal-Punktzahl von 500 erreicht werden kann; die Höchstnote für eine Marke sozusagen.

Eine solche Zahl mag schon einiges aussagen; höchst aufschlußreich wird sie dann, wenn man ihr Auf und Ab in der Entwicklung von Jahr zu Jahr sichtbar machen kann. Denn dann wird die Frage, ob den Marken-Führern oder -Dienern eine Steigerung des Markenwertes gelungen ist, eindeutig beantwortet sein. Was wiederum den gegenwärtigen oder zukünftigen Eigentümern der Marke recht sein dürfte.

Die Bewertungs-Kriterien für die Marken-Bilanz

Größe, Entwicklung und Wertschöpfung des Marktes bilden den Ausgangspunkt der Analyse. Hier muß der für die Marke relevante Markt definiert werden. Und diese Definition gilt dann bis zum Schluß, wie auch in den folgenden Betrachtungszeiträumen.

1. Der Wert des Marktes

Die Größe des Marktes bildet das Potential der Marken-Entwicklung. Die Größenordnungen sind natürlich sehr unterschiedlich: von den Zigaretten- und Kaffeemärkten über Kindernahrung, Shampoos bis zu Märkten unter 50 Mio. DM Gesamtwert.

2. Die Entwicklung des Marktes

Auch die Portfolio-Analyse weist darauf hin, daß die Markt-Entwicklung eine wichtige Bestimmungsgröße ist. Man sollte schon berücksichtigen, ob die Marke sich in einem schrumpfenden oder einem Zukunfts-Markt bewegt. Außer Betracht bleiben muß – wegen mangelnder Quantifizierbarkeit - die Chance einer Marke auf einem anderen Markt.

3. Die Wertschöpfung des Marktes

Nicht nur die Umsatzgröße, sondern auch die Wertschöpfung eines Marktes aus der Herstellersicht gilt es zu berücksichtigen. Dieser Wert umfaßt das Gewinnpotential aller Anbieter. Lukrativen Märkten stehen andere gegenüber, bei denen durch ruinöse Preispolitik oder andere Umstände das Wertschöpfungspotential weitgehend vernichtet wurde. Gemessen wird anhand von ausreichenden Schätzungen.

4. Der wertmäßige Marktanteil

Die Verfasser halten es für bedenklich, daß viele Unternehmen primär mit dem mengenmäßigen Marktanteil arbeiten oder sich noch immer vom Absatzwachstum faszinieren lassen. Der Marktanteil, auch der wertmäßige, läßt sich nur schwer benoten, weil die Anteilsverteilung in den Märkten sehr unterschiedlich ist: In manchen kommt selbst der Marktführer nicht über 8 % hinaus, in anderen hält er 80 %. Um dies in der Bewertung auszugleichen, folgt als nächstes Kriterium:

5. Der relative Marktanteil

Er errechnet sich als Marktanteil der betrachteten Marke im Vergleich zum Marktanteil des Marktführers. Handelt es sich bei der betrachteten Marke um den Marktführer selbst, so errechnet sich dieser Wert in bezug auf den Marktanteil der zweitgrößten Marke. Je höher er in diesem Fall über 1 liegt, um so größer ist der »monopolistische« Handlungsraum der Marke.

6. Die Marktanteils-Entwicklung

Die Behauptung, Marktführer sei nicht, wer den höchsten Marktanteil habe, sondern die Marke mit dem größten positiven Momentum, ist sicher überzogen, enthält aber einen richtigen Kern. Deshalb sollte ein »Bewegungs-Wert« für die jeweils letzten drei Jahre registriert werden.

7. Der Gewinn-Marktanteil

Ohne Umsätze und wertmäßigen Marktanteil sind Gewinne gar nicht erst zu erzielen. Um aber jene Zahlen und Ergebnisse zu relativieren, wo zum Beispiel Marktanteile durch Dumping und/oder Overspending »erkauft« werden, wird der Gewinn-Marktanteil mitgewertet. In der Regel ist man dabei auf Annahmen, Schätzungen und Analogie-Rechnungen angewiesen; doch trotz dieser Unschärfe gibt gerade dieser Wert sehr schön zu erkennen, wie gewinnbringend alle Mixfaktoren eingesetzt werden.

Auch wenn die Marktgestaltungs-Macht des Handels beträchtlich zugenommen hat, so beugt er sich endlich doch derselben Majestät wie der Hersteller: dem Kunden. Händlerentscheidungen sind deshalb immer auch ein Spiegel der erkannten oder erwarteten Nachfrage, das heißt Indikatoren für Markenstärke; auch wenn sie durch besondere Vertriebsleistungen des Herstellers mit beeinflußt sind.

8. Die gewichtete Distribution

Die für den Markenartikel definitorisch festgelegte Forderung nach Ubiquität kann angesichts der Konzentration im Handel nicht mehr unbedingt erfüllt werden. Ohnehin geht es nicht mehr um die Zahl der Geschäfte, in denen die Marke vertreten ist, sondern um das Nachfragepotential dieser Geschäfte für den relevanten Markt.[12]

9. Die Handelsattraktivität der Marke

Die Verkaufsfläche ist begrenzt; die Industrie-Sortimente weisen ein exponentielles Wachstum auf. Ein enormes Spannungsfeld entsteht um den Regalplatz. Das Regal wird zum Nadelöhr, der Handelseinkäufer zum Gatekeeper.

Der Händler wird letztlich immer versuchen, an seinem Platz die potentielle Nachfrage optimal auszuschöpfen. Deshalb wird der Rangplatz einer Marke immer eine große Rolle spielen. Die »Handelsattraktivität« sagt etwas darüber aus, wie sicher sich eine Marke im Regal des Händlers fühlen darf.

Auch wenn den Auswirkungen auf die Konsumenten höchste Priorität einzuräumen ist, sollten einige Marketing-Maßnahmen dennoch direkt beim Verursacher abgegriffen und benotet werden.

10. Die Produkt-Qualität

Es lassen sich zahlreiche Märkte identifizieren, in denen hochqualifizierte Marken über 50 % der kumulierten Marktanteile auf sich vereinen. Diese Beobachtung sowie die Tendenz zu höherem Einkommen und anspruchsvollerem Einkaufsverhalten sind Anlaß genug, für einen Markenartikel die Gretchenfrage nach der Qualität zu stellen; wissend, daß objektive Qualitätsvergleiche nur schwer möglich sind. Langwierige wissenschaftliche Untersuchungen lösen das Problem jedoch meist auch nicht. Also sollte man sich an das Urteil eines neutralen Experten dieser Warengruppe halten. Er kann zumindest eine zuverlässige Tendenz angeben.

11. Das Preisverhalten der Marke

Die Endverbraucherpreis-Entwicklung der Marke sagt eine Menge über Stärke und Schwäche aus. Hat man Preiserhöhungs-Spielräume gewinnen und nutzen können oder konnte die Marktposition nur durch Preiszugeständnisse gehalten werden? Unerheblich ist dabei, ob sinkende Tendenzen durch gesenkte Fabrikabgabepreise, durch erhöhte Rabatte oder einen überproportionalen Anteil an Preis-Promotions erklärt werden können. Das Kriterium ist möglicherweise auch geeignet, einseitige Vorstellungen von der Preis-Absatz-Relation zu relativieren. (Nicht immer werden Marktanteile erkauft.)

12. Der Share of Voice

Werbung sollte – zumindest in Spurenelementen – nachweisbar sein für eine Marke. Ist sie doch eines der wichtigsten, gar ein konstituierendes Merkmal. Ohne Werbung verliert eine Marke an Aktualität, das Image wird blasser, die Vergessenskurve steigt an. In bestimmten Märkten wird auch die Händlerwerbung (Markenartikel-Features) im Share of Voice berücksichtigt.[13]

Den Markenwert hatten wir als Gesamtheit aller Vorstellungen des Konsumenten definiert, die sich in ökonomischen Daten des Marktes spiegeln. Diese Vorstellungen dingfest zu machen, ist das Ziel von fünf Kriterien, die, einem Mosaik vergleichbar, Aspekte der kognitiven und affektiven Struktur der Konsumenten erfassen.

13. Die Markentreue

Die Markentreue spiegelt den Bindungs- und Zufriedenheitsgrad beim Verbraucher. Sie beziffert gewissermaßen die Qualität des Franchise zwischen Konsument und Marke. Daß man damit ein für den Markenartikel auch zukünftig wichtiges Kriterium erfaßt, ergibt sich aus einer jüngst veröffentlichten Studie, in der für praktisch alle relevanten Warengruppen eine seit 1983 sich erhöhende Markentreue nachgewiesen wird.[14]

14. Das Vertrauenskapital der Marke

Unter allen denkbaren Image-Kriterien, sei es die Nähe zum Idealprofil, die Wertschätzung, das psychologische Markenbarometer oder der Prestige-Effekt, haben wir uns für das »öffentliche Vertrauen« als Meßgröße entschieden.[15] Damit wird dem Vertrauen in das Vertraute, in das Gestalthaft-Individuelle der Marke, eine Bedeutung zugewiesen, die über der der aktuellen Produktleistungs-Vorstellung liegt. Und damit wird – das sei nicht verschwiegen – Kontinuität im Verhalten der Marke, die Beachtung der Brand Personality, natürlich besonders belohnt.[16]

15. Share of Mind

Bei der Vielzahl der angebotenen Marken und gesendeten Informationen ist es von ausschlaggebender Bedeutung, welche Botschaften vom Konsumenten gespeichert werden. Mit dem Konstrukt »Share of Mind« soll festgehalten werden, welche Marken er in einer bestimmten Warengruppe spontan aufruft. Auch wenn vom Share of Mind nicht unmittelbar auf Kaufabsichten geschlossen werden kann, so hat man damit doch einen recht guten Indikator für Bekanntheitsgrad, Aktualität und Prädisposition.[17]

16. Werbe-Erinnerung

Es sollte sich bei einer werbenden Marke feststellen lassen, ob die Konsumenten ein bestimmtes Text- oder Bildelement oder beides erinnern. So wie es zum Beispiel in der Slogan-Penetration gemessen wird.

Dasjenige Element, an dem die Erinnerung der Verbraucher vorzugsweise festgemacht wird, vielleicht auch festgemacht werden soll, muß dann auch in das nächste Kriterium als Basis mit eingebracht werden:

17. Marken-Identifikation

Für diesen Meßwert ist ausschlaggebend, wie viele Personen das in Punkt 16 festgelegte Werbeelement mit der richtigen Marke in Verbindung bringen. Das Kriterium geht davon aus, daß zum Beispiel eine Slogan-Penetration von 85 % bei einer richtigen Markenzuordnung von nur 55 % keine sehr gute Kommunikationsleistung darstellt. Das Ziel wäre also, solche Differenzen zu verringern.

Die Aspekte, die bei bloß nationaler Betrachtung eher als selbstverständlich für einen »echten Markenartikel« abgehakt würden, müssen angesichts unaufhaltsamer Internationalisierungstendenzen sorgfältig ausgeleuchtet und bewertet werden.

18. Die Internationalität der Marke

Während der letzten Jahre und insbesondere durch die spektakulären Firmenaufkäufe in der Markenartikelindustrie ist immer deutlicher geworden, daß der Wert einer Marke sehr stark davon abhängt, ob sie in mehr als einem Land vermarktet wird und dort etwas gilt.[18]

Jedoch mindert es den Markenwert, wenn innerhalb eines Verbreitungsgebietes so drastische Preisdifferenzen für eine Marke existieren wie zum Beispiel heute in Westeuropa.

19. Internationaler Markenschutz

Es macht für den Wert einer Marke schon einen erheblichen Unterschied, ob sie für das Unternehmen weltweit geschützt ist, wie zum Beispiel der Name McDonald's, oder ob ein Unternehmen nur eingeschränkte Rechte an einem Markennamen besitzt. Auch der Grad der Geschütztheit sollte gewürdigt werden: McDonald's hat in den Vereinigten Staaten immerhin erreicht, daß kein anderes Unternehmen die Vorsilbe Mc oder Mac in Verbindung mit einem Lebensmittelgattungsbegriff benutzen darf. Anderseits muß Jacobs Suchard in Deutschland dulden, daß die Firma Stollwerk bei ALDI einen der »Lila Pause« ähnlichen Riegel unter der Bezeichnung »Süße Pause«, verpackt in lila Papier, vermarktet.

Das Kriterium reflektiert gleich mehrere auf die »Marke« bezogene Unternehmensleistungen: die weise Voraussicht von

Warenzeichen-Inhabern, den juristisch sorgsamen Umgang mit den Warenzeichen und die »Kampfkraft«, mit der man illegale Nutznießer oder Imitatoren in die Schranken gewiesen hat.

Welche Konsequenzen hat das Instrument?

Seine 19 Kriterien, ihre spezifische Gewichtung sowie die Übersetzung in eine jeder Branche Rechnung tragende Datentechnik befähigen den Nutzer, das eigene Markenhandeln auf neue Weise zu kontrollieren und dadurch positiv zu steuern. Was im Prinzip darauf hinausläuft, die Leistung des Marketing eben nicht mehr an den geläufigen Kennziffern zu messen; und die übliche Selektion und von kurzfristigen Interessen gefärbte Interpretation jener Daten auszuschalten, die »nach oben« weitergegeben werden. Die Markenhandelnden, Brand-Manager im besten Sinne des Wortes, wären vielmehr gehalten, kontinuierlich den nach diesem Modell berechneten Markenwert zu erhöhen, das heißt, die Chancen dafür aufzuspüren und zu realisieren.

Würde man nicht länger die Bewegung von Einzelkriterien, sondern das Auf und Ab des gesamthaften Markenwertes ursächlich mit dem Auf und Ab von Karrieren verknüpfen, dann dürfte sich im Wege der Selbstorganisation schon bald eine veränderte Marketing-Mentalität einstellen. Zuungunsten einer Haltung, die seit längerem ja auch von Wirtschaftsführern als Markenausbeutung, Substanzgefährdung oder zumindest als mangelnde Identifikation mit der Marke beklagt wird; ohne daß wirksame Gegenrezepte auf den Tisch kämen. Die Verfasser sind davon überzeugt, daß ihr Modell bei konsequenter Anwendung auf Marketing, Vertrieb und Produktion quasi automatisch dazu führt, markenwertsteigerndes Handeln zu praktizieren und den Einfallsreichtum aller Beteiligten in die richtige Richtung zu lenken.

Sollte die Selbstorganisation, motiviert durch Selbsterhaltungs- und Karrierewillen, nicht sogleich funktionieren, könnte man durch einen »Katalog« nachhelfen, der markenwertsteigernde und markenwertbedrohende Maßnahmen ausweist. – Diese Übersicht fußt vor allem auf praktischen Erfahrungen, guten wie schlechten. Sie ist deshalb weder vollständig noch Anklage, sondern Orientierungshilfe.[19]

Markenwert-steigernde Maßnahmen

1. Verbesserung des Produkts selbst. Dabei kann es sich um verbesserte Grundleistungen handeln, aber auch um ephemere Faktoren wie Duft, Konsistenz, Handling oder die immer wichtiger werdenden Dimensionen »Umwelt- und Humanverträglichkeit«. Ein wichtiger Indikator sind Reklamationen. Deshalb überprüfe man auch, wie das Unternehmen intern und extern damit umgeht.

2. Verbesserung der Qualitätsanmutung. Zum Beispiel der Verpackung, wozu auch Umverpackungen, Versandkartons, Palettenummantelungen u.ä. gehören, weil sie in vielen Handelskanälen inzwischen die einzigen noch zugelassenen Werbeträger sind. Gemeint ist aber auch die Anmutung des gesamten Promotion-POS-Materials bis hin zur Regalausstattung.

3. Optimierung oder Korrektur der Positionierung. Ist sie kompetitiv genug, entspricht sie der Marktsituation, ist sie gut genug auf die Bewertungshierarchie der Konsumenten heute eingestellt? Eventuell notwendige Relaunches sollten nicht erst in der Abschwungphase eingeleitet werden.

4. Verbesserungen in der Qualität der Werbung. Was läßt sich tun, um die Unverwechselbarkeit zu erhöhen, die Hinwendung der Zielgruppe zu verbessern, die Erinnerungswerte zu steigern?

5. Erhöhung des Werbedrucks. Dies könnte ohne Mehr-Geld bereits dadurch erreicht werden, daß man werbeschwache Zeiten stärker nutzt; etwa die ersten sechs Wochen des Jahres, wenn viele Markenartikler mit ihren neuen Kampagnen noch nicht fertig

und draußen sind; oder das Sommerloch, das – gemessen an den Einzelhandelsumsätzen mancher Branche – gar nicht existiert.

6. Optimierung der Mediapläne. Da das meiste Geld in die Medien geht und nicht etwa an Filmproduktionen, Designer oder Agenturen, ist eine nahezu ständige Kontrolle der Media-Leistungen geboten. Flexible Reaktionen – statt Festhalten an einmal jährlich verabschiedeten Plänen – können Erhebliches einbringen.

7. Probenverteilung. In welcher Form auch immer, können sie nur nützlich sein und – ein gutes Produkt vorausgesetzt – manchen Konsumenten veranlassen, bestehende Markenbindungen zu überprüfen. Reale Produkterfahrung hat noch immer einen unschätzbaren und der Werbung sicherlich überlegenen Stellenwert.

8. Intensivierung der Handelswerbung. Unter der Voraussetzung, daß die Marke in der Handelswerbung wirklich als Marke behandelt und zum Beispiel mit ihrem Slogan und/oder Logo dargeboten wird. Denn dergestalt und mit einem guten Preis versehen, bezeugt diese Werbung, daß zumindest der Händler die Marke als Attraktion für seine Kunden einschätzt.

9. Optimierung der Handelszuwendungen (WKZ). Der Vertrieb könnte strenger darauf achten, daß Mittel, die von einer Marke in das Handelsgeschehen eingebracht werden, dieser Marke auch tatsächlich zugute kommen.

10. Erhöhung des Endverbraucherpreises. Da der Konsument noch immer und aus guten Gründen eine Korrelation zwischen Qualität und Preis sieht, müssen Preiserhöhungen zu den markenwertsteigernden Maßnahmen gerechnet werden. Daß man sich mit höheren Preisen aus einem Markt hinauspreisen bzw. mit gesenkten Preisen Mengeneffekte erzielen kann, ist zwar richtig, erklärt aber nicht die Tatsache, daß in einigen Märkten die Preisführer gleichzeitig auch Marktführer sind.

11. Verbesserung der Markenidentität. Das heißt gegebenenfalls die Wiederherstellung der Stileinheit der Marke, die durch viele Faktoren heute bedroht ist (zum Beispiel durch die verselbständigten Verkaufsförderungsabteilungen, aber auch durch die

Trennung zwischen Vertrieb und Marketing, sowie auch durch den selbstherrlichen, den Markenzielen des Herstellers nicht immer entsprechenden Umgang des Handels mit der Marke).

12. Eine Korrektur der Umsatzziele. Denn aus zu hohen Umsatzzielen kann fast automatisch eine ganze Reihe von markenwertbedrohenden Maßnahmen resultieren. Dazu gehören auch Druckverkäufe, die nicht der realen Nachfrage entsprechen und die Abhängigkeit vom Handel erhöhen.

13. Eine mehr qualitativ orientierte Vertriebsarbeit. Unverkennbar sind es auch Forderungen des Außendienstes und vertriebliche Maßnahmen, die die Markenwerte heute bedrohen. Deutlich muß aber darauf hingewiesen werden, daß der Vertriebsstab durchaus etwas dafür tun kann, daß der Markenwert gesteigert wird:

- Er kann Distribution schaffen beziehungsweise die Distribution qualitativ verbessern (zum Beispiel von einem zu hohen Discounter-Anteil zu einem höheren Anteil an preispflegenden Händlern).
- Er kann den Hineinverkauf so justieren, daß er den tatsächlichen Abverkaufsmöglichkeiten der Marke und des Händlers entspricht.
- Er kann erreichen, daß der Handel werblich für die Marke aktiv wird, wie es ihrer Marktbedeutung entspricht.
- Er kann dafür sorgen, daß die Ware im Geschäft attraktiver als bisher präsentiert wird.
- Er kann auf den Handel einwirken, daß Preispflege betrieben wird.
- Er kann sich mit einer verbesserten Argumentation für die Marke versehen, was allerdings eine intensivere Zusammenarbeit mit dem Marketing voraussetzt.
- Er kann Sanktionen gegen Händler entwickeln, die sich primär markenwertvernichtend gebärden.

Markenwert-bedrohende Maßnahmen

Sie werden zumeist durch Soll/Ist-Abweichungen beim Umsatz oder bei den absoluten Deckungsbeträgen ausgelöst; und sie sind in der Regel durch eine gewisse Hektik, durch kurzfristige Ziele und eine unzureichende Kontrolle ihrer Aus- und Nebenwirkungen gekennzeichnet.

1. Minderung der Produkt- und/oder der Anmutungsqualität durch Einsparen von Herstellkosten.

2. Preissenkungen. Sinkende oder dauerhaft niedrige Preise können den Qualitätsanspruch einer Marke unglaubwürdig erscheinen lassen.

3. Verschenken von Produkten. Zum Beispiel durch das Anbieten von mehr Inhalt zum selben Preis oder durch Erstattung des vollen Kaufpreises.

4. Kürzung des Werbeetats.

5. Reduzierung der Forschungskosten zugunsten der Imitation von Konkurrenz-Rezepturen.

6. Erhöhung der Rabatte; insbesondere, wenn dies zu Lasten des Werbeetats geschieht.

7. Erhöhung der unechten WKZ, das heißt, jener Geldzuwendungen, die nicht in förderliche Maßnahmen für die Marke umgesetzt werden.

8. Regalprämien.

9. Festhalten an Zielwerten selbst dann, wenn für alle erkennbar ist, daß sie nur noch »ohne Rücksicht auf Verluste« zu erreichen sind.

10. Erhöhung des Vertriebsdrucks; zum Beispiel durch Angst einflößende Appelle oder überzogene Incentives für die Verkäufer.

11. Line extensions; sofern sie nur dem Ziel dienen, schnell zusätzlichen Umsatz zu schaffen. Denn dies kann auch zur Zersplitterung der Marke und zu erhöhten Forderungen des Handels führen, der sich zusätzliche Plätze immer teurer bezahlen läßt.

12. Promotions, die vom Produkt und seiner Leistung ablenken.

13. Verbraucher-Incentives und Zugaben aller Art; besonders wenn sie mit dem Produkt und seiner Leistung nichts zu tun haben.

14. Preisausschreiben aller Art. Sie sind für den Verbraucher ein Indiz, daß die Marke an sich selbst und ihre eigentümliche Produktleistung als werbendes Argument nicht mehr glaubt. Außerdem sind derartige Veranstaltungen, weil sie vom Prinzip des Zufalls und des Losens regiert werden, dem Zuverlässigkeitsprinzip des Markenartikels entgegengesetzt.

15. Erhöhte und schnelle Anpassung an derzeit erfolgreiche oder erfolgreich erscheinende Konkurrenzmaßnahmen. Diese Anpassung ist besonders dann gefährlich, wenn sie sich als irrationale Antwort auf irrationale Maßnahmen der Konkurrenz darstellt.

16. Der gedankliche Rückzug auf vertraute Zielgruppen: Statt sich mit dem »unbekannten« Konsumenten zu beschäftigen, orientiert man sich an Vorgesetzten, Konkurrenten oder Händlern. In Angstsituationen ist eine solche Verengung des Blickfeldes häufig anzutreffen.

17. Kurzfristige personalpolitische Maßnahmen; zumeist anstelle einer gründlichen Analyse von Ursachen, die gar nicht in den Personen selbst liegen.

18. Wechsel der Agentur oder der Berater. Damit wird meistens Know-how vernichtet und Reibungsverlust produziert.

Die Auflistung von markenwertsteigernden und markenwertbedrohenden Maßnahmen darf nicht als abgeschlossen angesehen werden. Sind doch der Phantasie der Marketing- und Werbe-Manager kaum Grenzen gesetzt, in die eine wie in die andere Richtung.

Schlußbemerkung

Der Rigorismus, mit dem das lebendige und phantasiegefüllte Markengeschehen in der Marken-Bilanz auf Zahlen zurückgeschnitten wird, mag befremdlich, vielleicht sogar naiv wirken. Doch scheint es an der Zeit zu sein, die Verantwortlichen daran zu erinnern, daß es zur Zahl keine wirkliche Alternative gibt. Aus einem Gewühl von Informationen und Interpretationen herausgefunden, schafft sie etwas, was der Sozialwissenschaftler Alexander Deichsel als »mentale Hygiene«, als einzigartige Leistung der Zahl würdigt.

Nur darf man, wie er weiter sagt, nicht glauben, damit sei es getan. Denn danach muß man sich auf den mühseligen Versuch einlassen, die Zahl wieder in Lebenszusammenhänge einzubetten und Handlungsmöglichkeiten auszuspähen. Dazu mag der Katalog der markenwertsteigernden und -bedrohenden Maßnahmen eine erste Hilfe sein; erschöpfen und verbindlich deuten kann und will er den »stets offenen Horizont der Möglichkeiten« nicht.[20]

Die »Marken-Bilanz« haben Dr. Roland Schulz und der Verfasser gemeinsam entwickelt und veröffentlicht.

Die Exclusiv-Rechte für das hier beschriebene Instrument und dessen Quantifizierung hat A.C. Nielsen von den beiden Autoren übernommen. Interessenten sind gebeten, sich wegen der praktischen Anwendung auf ihre Marken und ihr Sortiment direkt an Nielsen zu wenden.

---

[1] Der Spiegel 45, 1988, S. 136

[2] Mit dem Hinweis »Ich verstehe zu wenig von Astronomie« kommentierte kürzlich Helmut Maucher, Chef des Nestlé Verwaltungsrats, die astronomisch hohen Preisvorstellungen der Anbieter von Nabisco-Firmen (Lebensmittelzeitung, 28. April 1989, S. 1). Ohne Zweifel hat die Diskussion zur Bewertung von Marken in verschiedenen Ländern jetzt erst richtig begonnen. Die Financial Times vom 11.4.1989 schreibt dazu im Zusammenhang mit den Firmenkäufen von Unilever: »The involvement of Unilever in problems of brand valuation is the best proof so far that the debate will not go away.« Vgl. auch: o. Verf., Die Bilanzierung von Markenzeichen, in: FAZ vom 23. August 1988. Mesdag, van M.: Wat doe je met de waarde van een merk? in: FEM 4/89, S. 54 ff.

[3] Vgl. z.B. Rüschen, G.: Die Marke – unser wertvollstes Gut; in: Blick durch die Wirtschaft, 10. April 1986, S. 1 ff.

[4] Allerdings ist »seit dem 1. Januar 1987 der Geschäfts- oder Firmenwert auch im Rahmen von Steuerbilanzen ein abnutzbares und damit abschreibungsfähiges Wirtschaftsgut geworden, . . . und eine für die Abschreibungsrechnung anzusetzende fiktive Nutzungsdauer von 15 Jahren festgelegt.« Breidenbach, B.: Unternehmenswert und steuerliche Geschäftswertabschreibung; in: DB 3, 1989, S. 136 ff.

[5] Der Begriff wird von Hans Domizlaff bereits 1942 benutzt, im »Brevier für Könige«: »Alle Worte und Handlungen, mit denen ein König in Erscheinung tritt, müssen einseitig dem Zweck dienen, ein vorteilhaftes Idealbild anzuregen. In der kaufmännischen Sprache nennt man das: einen Markenwert schaffen.«

[6] Die Portfolio-Technik wurde in den 70er Jahren von der Boston Consulting Group entwickelt.

[7] Vgl. auch Christian Belz: Destruktives und Konstruktives Marketing; in: Markenartikel 10, 1988, S. 476

[8] Hans Domizlaff: Die Gewinnung des öffentlichen Vertrauens; ein Lehrbuch der Markentechnik. Neu zusammengestellte Ausgabe, Hamburg 1982, S. 196: »So verschieden auch die Markenziele sein mögen, sie können sich immer einheitlich auf den Gesetzen aufbauen, denen das Gehirn der Masse folgt, denn eine Marke ist nur ein Begriff im Gehirn der Masse.« Vgl. dazu auch Schulz, R.: Kaufentscheidungsprozesse des Konsumenten, Wiesbaden 1972, S. 35 ff.

[9] Hans Domizlaff: Die Gewinnung des öffentlichen Vertrauens, a.a.O., S. 225.

[10] Vgl. die Beschreibung des Marken-Phänomens, die Helmut Sihler in einem Vortrag anläßlich der GfK-Jahrestagung 1975 gegeben hat: »Wir müssen wieder erkennen, daß eine Marke eine ›Seele‹ hat, und haben zu verhindern, daß sie für den Verbraucher seelenlos wird. Haben wir doch die Marke behandelt wie ein Zirkuszelt, das man überall auf- und abbauen und in dessen Manege man alle möglichen Stücke spielen kann. Wir müssen die Marke wieder behandeln wie einen Baum, der an einer bestimmten Stelle eingepflanzt, gehegt und gedüngt wird, den man auch einmal zurückschneidet und der umsorgt wird, damit er langfristig Früchte trägt.«

[11] So wie die bloße Vorstellung von etwas durchaus reale Wirkungen zeitigen kann. Man vergegenwärtige sich nur, wieviele Kaufentscheidungen von der Vorstellung geprägt sind, dieses oder jenes Markenprodukt sei als Geschenk geeignet oder nicht.

[12] Für Marken, die der Natur ihres Marktes oder ihrem Willen entsprechend eine exklusive Distribution betreiben – wie z.B. die Depotmarken der Kosmetik -, muß hier ein anderes Kriterium gelten: die Qualität der Selektion.

[13] Der Share of Voice gehört in die Gesamtwertung auch deshalb mit hinein, weil er Fälle zu relativieren hilft, in denen Gewinnmarktanteile durch das Einsparen von Werbung erzielt werden.

[14] Vgl. Szallies, R.: Wem vertraut der Verbraucher? Wie erlebt er Marketing? in: absatzwirtschaft, 10, 1988, S. 13.

[15] Wie außerordentlich funktional und kaufmännisch Domizlaff diesen Begriff gedacht hat, geht aus dem Schluß des Kapitels über die Massenpsyche hervor: »Das Ziel der Markentechnik beruht in der Schaffung eines der propagierten Waren- oder Leistungsidee untertänigen Massengebildes, das möglichst zuverlässig beharrt und mit einem blinden Vertrauen aus sich selbst heraus die Interessen des Unternehmers im wachsenden Maße vertritt.« In: Hans Domizlaff, Die Gewinnung des öffentlichen Vertrauens, a.a.O., S. 209 f.). Vgl. auch K. Brandmeyer: Wie ALDI das öffentliche Vertrauen gewinnt; in: MARKETING JOURNAL 5, 1985, S. 404 ff. sowie Christian Belz, a.a.O., S. 479: »Entscheidend ist für Markenartikel das Vertrauen des Kunden und des Handels, wie es bereits in den Grundsätzen der PROMARCA (Schweizerischer Markenartikelverband) ausgedrückt wird.«

[16] Vgl. auch Reinhold Bergler: Die Bedingungen wirksamer Werbung; in: Markenartikel 11, 1981, S. 632.

[17] Das Kriterium ist dem sogenannten »psychologischen Marktanteil« und dem neuerdings wieder häufiger ins Spiel gebrachten »Relevant Set« sehr nahe. »Share of Mind or the consumer's familiarity with a brand and secondly their esteem for the product« sind nach einem Bericht von The Economist die beiden Kriterien, mit denen Landor Associates die Image Power mißt.

[18] Vgl. Hans Domizlaff: Brevier für Könige, S. 204: »Deine Grenzen reichen so weit, als Du gläubige oder vertrauensvolle Kunden und Verbraucher für Deine Fabrikate findest. Dieser Raum ist Dein eigentliches Reich.« Eine auf das Herkunftsland beschränkte Abgrenzung der Markengeltung war Domizlaff's Denken fremd.

[19] Die Verfasser wissen sich bezüglich der folgenden Hinweise den Ausführungen von Christian Belz (a.a.O.) sehr verbunden.

[20] Ortega y Gasset: Der Aufstand der Massen, 1984, S. 23.

Die Marken-Bilanz im Kreuzverhör
Einige notwendige Ergänzungen

Als hätte das Thema in den Startlöchern gewartet – so schnell kam die öffentliche Diskussion über den Markenwert in Gang, nachdem die Verfasser vor einem Jahr ihre Marken-Bilanz vorgestellt hatten.[1] Die Fachpresse zeigte sich hochinteressiert, die Markenartikel-Industrie trug mit Aufträgen an A.C. Nielsen das ihre zur praktischen Anwendung bei;[2] die Deutsche Werbewissenschaftliche Gesellschaft zierte ihre nächste Jahrestagung mit einem Markenwert-Motto und meldete zugleich professorale Bedenken bezüglich der Erfaßbarkeit an;[3] Interbrand brachte eine in England entwickelte System-Alternative sogar per Fragebogen zum Mittelstand;[4] und die Konsumforschung in Nürnberg arbeitet inzwischen intensiv an einem eigenen Modell.

Dem Gedanken der Marke tut das gewiß gut. Und der Praxis in den Markenartikel-Etagen wohl ebenso. Denn positiv wird immer wieder angemerkt, daß die ausgedehnten wie ergebnisarmen Debatten über den Markenimage-Wolken nun auf den relativ verläßlichen Boden eines überschaubaren Zahlenwerks zurückgeführt werden können. Den 19 Kriterien der Marken-Bilanz mochte bislang auch keiner der Disputanten ein unverzichtbares zwanzigstes hinzufügen. Doch haben sie immer wieder fünf Fragen gestellt, auf die wir an dieser Stelle antworten möchten.

1. Frage: Werden in dem Modell nicht Kriterien verwendet, die voneinander abhängig sind, so daß sich eine unzulässige Redundanz ergibt?

Die in der Frage zumeist mitschwingende Kritik geht von der Annahme aus, so lebensgefüllte Erscheinungen wie Märkte und Marken ließen sich durch lineare Kausalitäten und Regressionsanalysen abbilden. Die Realität sieht anders aus: Der milliardenfach vernetzte und hochkomplexe Vorstellungszusammenhang »Marke« läßt sich nur durch ein Netz von Indikatoren annähernd erfassen; wobei diese »unterirdisch« in Beziehungen zueinander stehen, aber nicht unbedingt im Sinne von Ursache-Wirkungs-Beziehungen.

Die Frage übersieht auch, daß sich die Marken-Bilanz primär gar nicht als Kausalitätsanalyse versteht, sondern als ein Bewertungssystem, um den aktuellen »Gesundheitszustand« einer Marke zu quantifizieren. Deshalb auch benutzt die Marken-Bilanz Input-Daten (z.B. Aufwand des Unternehmens) und Output-Daten (z.B. Marktanteil oder Werbeerinnerung) als gleichberechtigte Erkenntnisquellen nebeneinander. Daß wir damit nicht in die »Black Box«, in das Innere des Konsumenten eindringen und dort repräsentative, vorhersagesichere Markenwertvorstellungen direkt ablichten, sondern sie nur soweit erfassen, als sie sich in meßbaren Handlungen und Marktvorgängen offenbaren, ist unser Grundgedanke. Zu verstehen wie beim Börsenkurs: Er zählt für das Aktienpublikum und das betreffende Unternehmen als hochverbindliches Wertsignal, ohne daß man ihn hinreichend kausal erklären kann. Zu viele Meinungen, Eindrücke und Handlungen wirken unentwirrbar weltweit an seinem Zustandekommen und den Veränderungen mit. Auf der anderen Seite versteht es sich von selbst, daß wir bei offensichtlicher Korrelation zweier Indikatoren dies bei der Gewichtung berücksichtigt haben.

2. Frage: Wie lassen sich Dachmarken und line-extender mit der Marken-Bilanz erfassen?

Das Instrument ist nicht nur für Mono-, sondern auch für Dachmarken geeignet. Wie es dann funktioniert, sei an einem einfachen Beispiel deutlich gemacht:

Angenommen, eine Marke ist mit zwei Produkten in zwei

Märkten vertreten. In dem einen Markt erhält sie 400, in dem anderen Markt 200 Marken-Bilanz-Punkte. Um zu einem Gesamt-Punktwert zu gelangen, erfolgt die Gewichtung mit der Marktgröße. Beträgt der Wert für den ersten Markt eine Milliarde und für den zweiten 200 Millionen DM, so errechnet sich ein Punktwert für die Gesamtmarke von 367. Die Tatsache, daß die Werbeanteile sich nicht immer korrekt zurechnen lassen, wird durch die entsprechenden Gewinnwerte in der Marken-Bilanz ausgeglichen. Daß die Ausstrahlungseffekte der Marke über die verschiedenen Märkte – etwa bei den Konsumenten-Informationen – kaum zu kontrollieren sind, wird bewußt in Kauf genommen; schließlich sind sie bei der Bildung von Dachmarken ja auch beabsichtigt.

Mit diesem Verfahren lassen wir auch erkennen, daß wir line-extender nicht a priori für etwas Positives halten. Sie bergen einerseits die Chancen, daß ein monolithisches Meinungsgebilde seinen Geltungsbereich weiter ausdehnt, aber auch das Risiko, daß dieser Monolith fragmentiert wird und danach an Kraft verliert. Eben deshalb muß sich eine Marke in der Marken-Bilanz eine Wertminderung bescheinigen lassen, wenn sie z.B. in einem ihr ursprünglich fremden Markt nicht die gleichen Erfolge aufweisen kann wie in ihrem Stamm-Markt.

Die Aussagen für Dachmarken gelten analog auch für Firmenmarken wie Dr. Oetker, Knorr, Siemens, AEG oder Bosch.

3. Frage: Muß das Instrumentarium der Marken-Bilanz nicht den unterschiedlichen Gegebenheiten verschiedener Warengruppen angepaßt werden?

Einige Simulationen vorab, vor allem aber die mittlerweile vollzogenen Auftrags-Analysen zeigen, daß es sich bei der Marken-Bilanz um ein Instrument handelt, das warengruppen-unspezifisch arbeitet. Es gilt somit für alle Märkte, in denen markierte Produkte verkauft werden. Von den 19 Kriterien sind allerdings die beiden, die sich mit dem Handel befassen, der jeweiligen Abnehmerstruktur einer Warengruppe anzupassen; z.B. bei jenen Produktgruppen, die einen selektiven Vertrieb praktizieren oder neben dem Lebensmittelhandel auch die Gastronomie, das Handwerk oder Fachhändler beliefern.[5] Modifiziert werden muß auch, wenn Produkte direkt an den Konsumenten vertrieben werden.

Beim Kriterium »Produktqualität« muß möglicherweise das Ermittlungsverfahren von Warengruppe zu Warengruppe unterschiedlich gestaltet werden. Wenn es sich etwa um Produkte handelt, die allein durch Geschmacksvariationen voneinander unterschieden werden, müssen sicherlich Blindtests zugezogen werden. Daß es insgesamt nicht einfach ist, Produktunterschiede als Qualitätsunterschiede zu verdeutlichen, zeigen die Versuche der Stiftung Warentest, bei denen sich vor allem die Gewichtung der einzelnen Kriterien häufiger als Problem erweist.

Gewiß ist auch beim Kriterium »Markentreue« eine Modifikation angezeigt, wenn man das Instrument auf langlebige Gebrauchsgüter anwenden will. Wenn der zeitliche Abstand zwischen Erstkauf und Ersatzkauf zu groß ist, um echte Wiederkäufe in nennenswerter Zahl ermitteln zu können, dann wird man auf die Kauf-Absicht als ein relevantes Konstrukt ausweichen können; ähnlich wie die Wahlforscher mit ihrer Frage »Wenn am nächsten Sonntag Bundestagswahl wäre . . .?«.

Die anderen 15 Kriterien lassen sich – nach den bisherigen Erfahrungen – bei allen Warengruppen in gleicher Weise erfassen und in die Bewertung einbeziehen.

4. Frage: Gelingt es mit dem Instrument, das Zukunftspotential zu erfassen und müßten Zukunftsdaten nicht stärker einbezogen werden?

Wem das Phänomen Marke nicht gänzlich unvertraut ist, der wird in der Marken-Bilanz eine ganze Reihe von Kriterien finden, die eine als wahrscheinlich anzusehende Entwicklung der Marke ankündigen. Dieser Zukunftsaspekt ist einer der Gründe, warum die Verfasser sich auf die Markt- und Marktanteils-Kriterien beschränkt haben, die aus der Portfolio-Analyse bekannt sind. Dieses seit langem bekannte Verfahren führt zweifelsohne zu hilfreichen Erkenntnissen. Über das Potential einer Marke erfährt man allerdings mehr, wenn man z.B. bei den Marktanteilen auch danach fragt, wie sie denn zustande gekommen sind. Handelt es sich um gekaufte, gepuschte oder stabile Marktanteile; und wie sieht es mit dem wertmäßigen Marktanteil aus?

Auch sind Marktanteile immer ex post-Werte; weshalb die Marken-Bilanz – um mögliche Werte von morgen anzuzeigen – auch das heute in die Marke investierte Kapital und heute ermittelte mentale Ladungen der Konsumenten in die Analyse einbezieht.

Ausgesprochene Prognosedaten haben wir bewußt außen vor gelassen, um spekulativen und letztlich auch manipulierenden Eingriffen keinen Vorschub zu leisten. Wir alle wissen auch, daß Ereignisse im Leben einer Marke eintreten können, die unvorhersehbar und in ihren Auswirkungen unkontrollierbar sind (die Entwicklung bei Birkel oder die jüngsten Vorgänge bei Perrier). Insoweit wird jede einigermaßen reelle Markenbewertung von der heutigen Situation und einer Extrapolation in die Zukunft auszugehen haben. Um letzteres zu ermöglichen, erscheint es uns richtig, bei einer Reihe von Kriterien die Daten der letzten drei Jahre zu erheben – um Trends erkennen zu können – und die Markenbewertung im Zeitablauf zu wiederholen.

5. Frage: Gibt es keine Alternative zur subjektiven Gewichtung?

Solange keine deduktive Ableitung gelingt – wovon wir ausgehen –, gibt es zur subjektiven Gewichtung keine Alternative; was so erschreckend nicht ist, wenn man sich einmal von der

Vorstellung befreit, »subjektiv« sei so etwas wie »private Willkür«, und sich anbequemt, darin »persönliche Erfahrung« ausgedrückt zu finden. Erfahrung ist in diesem Zusammenhang als ein ganzheitlich arbeitendes Erfassungsinstrument zu sehen, das damit auch Aussagen über ganzheitliche Phänomene möglich macht. Dies ist übrigens auch einer der Grundlagen sog. Expertensysteme.[6]

Vorstellbar wäre, die von uns für die Marken-Bilanz festgelegte Gewichtung der einzelnen Kriterien auf eine breitere Basis zu stellen, indem man z.B. die »herrschende Meinung« über die Bedeutung der einzelnen Kriterien in einer Umfrage ermittelt. Andererseits sind wir sicher, daß die zur Zeit laufenden Bewertungen bei A.C. Nielsen bereits Anhaltspunkte für die Plausibilität unserer Gewichtung liefern werden.

Noch unbeantwortet ist jene Frage, die vorzugsweise aus dem Merger- und Acquisitions-Bereich gestellt wird: Mit welcher Methode wird der monetäre Wert der Marke ermittelt? Jürgen Merget von A.C. Nielsen bereitet derzeit in Zusammenarbeit mit Finanzinstituten und Wirtschaftsprüfern eine auch statistisch gesicherte Lösung vor – auf Basis der Marken-Bilanz und des Ertragswertverfahrens.

Wie dringlich dieser Schlußstein in der Markenbewertung ist, bezeugt in der ersten Ausgabe des deutschen Forbes-Magazins ein süffisant gemeinter Artikel über die Jil Sander-Aktie, wo es am Ende heißt: »Größter Bilanzposten (23,4 Millionen!) sind ›immaterielle Vermögens-Gegenstände‹: Konzessionen, Schutzrechte (Auswertung des Namens Jil Sander). Zum Vergleich: In der Bilanz der Luxus-Weltmarke BOSS sind ›Konzessionen‹ mit 0,4 Millionen DM bewertet. Summa: Außer dem Namen Jil Sander und der Produktionsstätte besitzen die Aktionäre – nichts.«

Vielleicht sind der Name und die Marke ja auch alles?!

Auch diesen Beitrag zur »Marken-Bilanz« haben Dr. Roland Schulz und der Verfasser gemeinsam geschrieben und veröffentlicht.

---

[1] In: Markenartikel, 7/89, Seiten 364 – 370

[2] A.C. Nielsen hatte sich noch vor Erscheinen das Recht gesichert, die »Marken-Bilanz« einschließlich des dahinterstehenden mathematischen »Apparats« in ihr Beratungsangebot aufzunehmen

[3] Vgl. w&v werben und verkaufen, 6/90, Seite 12

[4] In: impulse, 10/89, Seiten 192 ff.

[5] Immer wieder genannte Beispiele sind Bier und Depot-Kosmetik

[6] Vgl. absatzwirtschaft, 1/90: »Was leisten Expertensysteme im Marketing?«, Seite 64: »Das Expertensystem fällt seine Entscheidung auf der Basis von Fakten und allgemeinen Gesetzmäßigkeiten, die die menschlichen Experten erkannt haben.«

Die Marke zwischen Erfahrung und Erlebnis

Über den zweifelhaften Wert von Amüsier-Strategien

Werbung ist Kunst. Werbung ist Unterhaltung. Kaum einer traut sich noch zu sagen: Werbung ist Werbung. Zu verlockend ist die Aussicht, von den Juroren der neuen Unterhaltungskunst mit Palmen und Medaillen ausgezeichnet zu werden, zu gebieterisch ertönt der Ruf nach Entertainment in der Reklame, zu absolut wird Neil Postmans »Wir amüsieren uns zu Tode« als gültige Beschreibung des zukünftigen Konsumenten hingenommen.[1]

Die Angst, dieses kostbare Subjekt zu langweilen, beherrscht die Werbeszene wie nie zuvor. Und die Medien-Gewaltigen vorneweg. Seit immer deutlicher wird, daß Zuhörer den Werbefunk als akustischen Hausfriedensbruch empfinden und Leser 60 Anzeigen in einer Minute überblättern, müssen diese Werbeträger um ihre Glaubwürdigkeit als funktionierende Vermittler von Werbebotschaften fürchten.

Kein Wunder, daß sie nichts unversucht lassen, die Werber zu mehr Witz und Humor und bitte mit Musik zu ermuntern. Denn dadurch könnte irgendwann ein neuer, alle beruhigender Idealzustand hergestellt werden: Die Medienkonsumenten nehmen den Unterschied zwischen dem redaktionellen Angebot und der Werbung endlich nicht mehr wahr. Die jüngst von einem Hörfunk-Direktor geforderte »Durchhörbarkeit« des Programms wäre gewährleistet.[2] Die Konsumenten schalten nicht mehr ab oder um und können endlich wieder als tatsächlich erreichte Zielpersonen abgerechnet werden.

Auf dem Wege dahin nimmt man erfreut zur Kenntnis, daß heute immerhin schon 58 % der Konsumenten die Werbung als unterhaltsam bewerten. Daß es noch mehr werden, zeichnet sich in fröhlich-resignativen Äußerungen wie dieser ab: »Wenn wir keine vom Produkt her wichtigen Botschaften dem Verbraucher mitzuteilen haben, dann müssen wir ihn unterhalten.«[3] Eine positiv gemeinte Abwandlung der ironischen Warnung: If you have nothing to say, sing it.

Die Entwicklung erscheint zwangsläufig. Denn in der Tat ist die Zahl der Produkte, denen argumentativ von vornherein die Luft wegbleibt, beträchtlich gewachsen; und viele, die noch etwas zu sagen hätten, scheuen sich es vorzutragen. Die von Werbung, Marketing und Forschung unisono vorgebrachten Gründe sind nicht von der Hand zu weisen: Produktargumente liest sowieso keiner mehr; die Leute wissen doch schon alles; bei der heutigen Informationsüberlastung kommt gerade noch ein reizvolles Bild durch, mehr nicht![4] Am Ende solcher Amüsier-Strategien steht die vage Hoffnung, positive Werbeerlebnisse übertrügen sich auf das Produkt, das heißt, das Sponsoring eines kurzweiligen Medienbeitrags würde später durch einen Kaufakt honoriert. Dies könnte sich als verhängnisvoller und teurer Irrtum erweisen. Es sei zumindest erlaubt, das Ganze einmal von einer anderen Warte zu betrachten und zu bewerten:

Sobald ein Produkt beginnt, in den Medien für sich zu werben, tritt es auf einer Bühne auf, die nicht identisch ist mit dem Markt, in dem das Produkt sich unmittelbar gegen Wettbewerber und vor potentiellen Käufern zu behaupten hat. Es ist unversehens auf zwei Märkten gleichzeitig tätig, dem Produkt-Markt und dem Unterhaltungs-Markt. Auf dem einen geht es um Produktleistungen, die mit dem übrigen Warenangebot konkurrieren, auf dem anderen geht es um Unterhaltungsleistungen, die mit dem übrigen Unterhaltungsangebot konkurrieren.[5]

Zwei Märkte – zwei Situationen für den Konsumenten, besser gesagt für den konsumierenden Menschen. Die eine, geprägt von Produktwissen und -erfahrung, Nützlichkeitserwägungen und Preisvergleichen, von Kauf und Gebrauch, ist die Situation vor dem Regal, an der Waschmaschine, die Freude am neuen Kleid, an einer guten Zigarre. Es fällt nicht schwer, sich vorzustellen, daß die andere Situation, der Medienkonsum, von gänzlich anderer Natur ist: Ich will mich entspannen, vom Büro, von der Werkbank oder vom Haushalt abschalten, mich in fremde Welten entführen und zerstreuen lassen. Die Medien leisten in dieser Hinsicht allerfeinste Lebenshilfe, indem sie bald alles in Unterhaltung verwandeln und alles Dargebotene gleichermaßen irrelevant für das persönliche tägliche Leben erscheinen lassen.[6] Daß das staatliche Fernsehen die Produkt-Werbung durch Mainzelmännchen-Nonsens oder »Ute Schnute Kasimir«-Kindersketche einrahmt und dadurch als kaum ernstzunehmende Beiträge deklariert, ist dafür genauso bezeichnend wie die neueste Nachrichten-Show von USA-Today, in der ein buntes, sekundenschnell sich drehendes Kaleidoskop Horrormeldungen, Politiker-Statements, Modeberichte, Wetterprognosen und Sportergebnisse durcheinanderwürfelt. Nachrichten für Leute, die keine mehr sehen wollen.

Das alles beherrschende Prinzip heißt »Abwechslung in immer rascherer Folge«; oder, wie es der verantwortliche Redakteur einer amerikanischen Fernseh-Nachrichtensendung beschreibt: »Der Grundgedanke ist, alles kurz zu halten, die Aufmerksamkeit des Zuschauers nicht zu belasten und sie statt dessen durch Abwechslung, Neuigkeit, Aktion und Bewegung ständig zu stimulieren. Keinem Begriff, keiner Gestalt, keinem Problem braucht man mehr als ein paar Sekunden Aufmerksamkeit zu schenken.«[7] Damit erfüllt sich im symbolischen, weil nur medial vermittelten Kontakt zur Welt jene Bewegung, die Baudelaire bereits im Paris des 19. Jahrhunderts ausgemacht und als »Flanerie« besungen hat:[8] »Was die Menschen Liebe nennen, ist recht kläglich, recht schwach und eng gegenüber dieser unsagbaren Orgie, dieser heiligen Prostitution der Seele, die sich ganz dem Unvorhergesehenen hingibt, das auftaucht, dem Unbekannten, das vorüberschwebt.«[9] In der unendlichen Zirkulation der Waren und Menschen erlebt der Flaneur die Abfolge solcher Moment-

Entrückungen rauschhaft als »soubresauts«, als Schocks, Zuckungen, Sprünge des Bewußtseins.

»Das Gift der Sensation« nennt es später Walter Benjamin und steuert damit einen Erlebnis-Begriff an, den er scharf vom Begriff der Erfahrung trennt: Erfahrung ist an Wiederholbarkeit, an nicht unterbrochene Gewohnheiten, an Dauer gebunden; oder wie Aristoteles sagt, an wiederholte Erfahrungen, die sich zu einer einzigen verfügbaren Erinnerung zusammenschließen.

Die Schocks der Erlebnisse greifen diese Gewohnheiten an. Sie sind permanente Zwischenfälle und verhindern so den Aufbau von Erfahrung. Im Erlebnis wird schließlich nur noch das Erlebnis selbst erfahrbar.

Es fällt nicht schwer, diese beiden Modalitäten der Wahrnehmung – Erfahrung und Erlebnis – auf den Produktmarkt einerseits und den Unterhaltungsmarkt andererseits zu übertragen und in der zunehmenden Distanz zwischen beiden eine Gefahr für den Markenartikel zu wittern. Denn das vorherrschende Gestaltungsprinzip im Produktmarkt heißt nun mal Wiederholung, gleichbleibende Qualität und Reproduktion über lange Zeit. Nur so nämlich ist es dem Konsumenten möglich, aus Produkterlebnissen Erfahrungen abzuleiten, die ihn in der Kaufsituation orientieren und erwartungssicher machen. Sein Vertrauen ist gegründet auf das Vertrautsein mit dem Vertrauten.

Das Gestaltungsgebot des Unterhaltungsmarktes hingegen heißt Abwechslung und Variation. Nichts wäre schlimmer, als in einer Illustrierten von heute dasselbe zu lesen wie gestern, bei »Wetten, daß . .?« dieselbe Nummer noch einmal vorgeführt zu bekommen oder im Rundfunk ein und denselben Schlager mehrfach hintereinander zu hören. Obschon die Beliebtheit so mancher Wiederholungssendung davor warnen sollte, wird dem Medienkonsumenten eine Neuheits- und Abwechslungssucht unterstellt, die ihn zum Flaneur der Jetztzeit stempelt.

Für das Auseinanderklaffen der Marke in ihrer Seinsweise als reproduziertes Produkt und ihrer Erscheinungsweise als ein ständig neues Werbeerlebnis, welches tendenziell gar keine Erinnerungen mehr produziert und die Marke zerstreut, indem es das Publikum zerstreut, mag die Angst vor der Langeweile des Publikums als Erklärung herhalten. Es möchte aber sein, daß sie unzureichend ist, weil sie auf einen Menschen reflektiert, der den gemüthaften Wert seiner »Langeweile« nur nicht mitteilen und als Bedürfnis nicht anmelden kann, wie Walter Benjamin schreibt: »Langeweile ist ein warmes graues Tuch, das innen mit dem glühendsten, farbigsten Seidenfutter ausgeschlagen ist. In dieses Tuch wickeln wir uns, wenn wir träumen. Dann sind wir in den Arabesken seines Futters zu Hause. Aber der Schläfer sieht grau und gelangweilt darunter aus. Und wenn er erwacht und erzählen will, was er träumte, so teilt er meist nur diese Langeweile mit. Denn wer vermöchte mit einem Griff das Futter der Zeit nach außen zu kehren?«[10]

In seinem »Lob der Wiederholung« hat Benjamin Henrichs diese Beobachtung noch weitergeführt: »Der Mensch ersehnt sich furchtsam das Neue, doch wahrhaft liebt er nur das Alte. Das Neue macht uns nur neugierig, die Wiederholung aber süchtig.«[11]

Obschon es genügend Beweise für die massenhaften Auswirkungen dieser menschlichen Sucht gibt – ob Dinner for One zu Silvester, Fußball-Reprisen oder der Erfolg ewig laufender Werbekampagnen –, ist der Neuerungssucht mancher Werbemacher nur schwer beizukommen. Vielleicht, weil das Problem tiefer liegt; nämlich in den Machern selbst, in ihrem »Marketing Charakter, der sich selbst als Ware oder richtiger: gleichzeitig als Verkäufer und zu verkaufende Ware erlebt«.[12] Erich Fromm hat diesen Persönlichkeits-Typ eingehend und kritisch beschrieben. Das oberste Ziel des Marketing-Charakters sei die vollständige Anpassung, um unter allen Bedingungen des Persönlichkeitsmarktes begehrenswert zu sein. »Der Mensch dieses Typus hat nicht einmal ein Ich, an dem er festhalten könnte, das ihm gehört, das sich nicht wandelt. Denn er ändert sein Ich ständig nach dem Prinzip ›Ich bin so, wie Du mich haben möchtest‹ . . . Sie haben ihr großes, sich ständig wandelndes Ich, aber keiner von ihnen hat ein Selbst, einen Kern, ein Identitätserleben.«[13]

Daß dieser Selbst-lose Typus den Unterhaltungsmarkt, das heißt die Werbung als Bühne bevorzugt, ergibt sich aus der strukturellen Ähnlichkeit. Wo der ständige Wechsel, die Zerstreuung, das von Vergangenheit und Zukunft abgekoppelte Erlebnis zählt, ist er zu Hause. Und wähnt sich am Ziel, wenn die preisgekrönten Werbespots der Cannes-Rolle im Kino wie ein Spielfilm-Ereignis beklatscht werden. Daß das Publikum sich hier nur als Medienkonsument bedankt und seinen Beifall nicht unbedingt in Kaufentscheidungen ummünzt, daß es zwar Stories erinnert, aber nicht die Marken darin, wird höchstens irritiert zur Kenntnis genommen. Wirkliche Ernüchterung kommt erst auf, wenn die Gesellschaft für Konsumforschung soeben feststellt, daß nur das absolute Primat einer konsequenten Qualitätspolitik, die für den Konsumenten objektiv oder durch seine Erfahrung nachvollziehbar ist, das Marken-Vertrauen der Verbraucher aufbauen und bewahren kann, und daß die Werbung heute am allerwenigsten dazu beiträgt. Ihre Glaubwürdigkeit sei gegenüber 1973 eher gesunken als gestiegen.[14]

Daß sich die Verhältnisse bessern, wenn man seine Werbung noch schneller und bedingungsloser den Gesetzen des Unterhaltungsmarktes anpaßt, ist zu bezweifeln. Gewiß könnten Fernsehzuschauer oder Rundfunkhörer dann meinen, endlich sei das Gebotene auch die Gebühren wert. Aber zugleich würde die strukturelle Distanz zwischen Produkt-Erfahrung und Werbe-Erlebnis bei denselben Zielpersonen noch größer; und dieselben Menschen könnten die Frage, ob auch die werbenden Produkte ihren Preis wert seien, noch souveräner und kritischer beantworten.

Eher gilt es, Vertrauen, verpflichtende Hingabe oder Gefolgschaft für ein Markenprodukt dadurch zu erwerben, daß man den Marketing-Charakter der Werbung zugunsten des Marken-Charakters überwindet.

Daß dies auf dem Unterhaltungsmarkt möglich und erfolgreich ist, erweist sich an jedem Star in seiner unveränderlich geliebten Erscheinung. Er verkörpert jenes mächtige, alle verworrenen Verhältnisse ordnende Wesen, das Marcel Proust einmal als den »Typus« auf der Theaterbühne beschrieben hat: »Die Widerstandsfähigkeit des Typus ist absurd, niederschmetternd, unangreifbar; und doch kann sich unaufhörlich jeder persönlich von ihm entfernen, ohne dessen heitere Festigkeit im geringsten zu stören, dafür aber zwingt dieser Typus mit einer immer wachsenden Anziehungskraft alle Personen ohne Persönlichkeit zu sich heran, alle, deren Haltung zu wenig inneren Zusammenhang besitzt: schließlich unterliegt der einzelne der Faszination dieses Brennpunkts, der sich mitten im Wandel der Dinge gleichbleibt.« Mit der Entwertung der Erfahrung durch das Erlebnis könnte der Menschheit dieses Kraftfeld verlorengehen.[15]

---

1 Neil Postman: Wir amüsieren uns zu Tode, Frankfurt 1985

2 ». . . um die von Reiter (Hörfunkdirektor des Bayerischen Rundfunks) geforderte ›Durchhörbarkeit‹ dieses Programms zu garantieren, was im musikalischen Bereich nur heißen kann: Einen Musikteppich auszubreiten, wobei bekanntermaßen ein Signum des Teppiches seine gewisse Gleichmäßigkeit ist«. Joachim Hauschild, Süddeutsche Zeitung vom 3. Januar 1989, Seite 26

3 Joachim Feigs auf dem ARD-WerbeTreff 1987

4 Vgl. auch Werner Kroeber Riel: Trends in der Werbung; in: MARKETING JOURNAL, 6/87, S. 608 ff.

5 Wie sehr Werbeleute heute auf diesen Unterhaltungswettbewerb fixiert sind, verrät Agenturchef Konstantin Jacobi in seinem »Fernsehtip für Hamburg«: »Das Werbeprogramm von Tele 5 und überhaupt alle guten Werbespots. Denn: im schlimmsten Fall langweilt ein Werbespot nur 30 Sekunden, das normale Programm dagegen 24 Stunden.«; in: Morgenpost, 13. April 1989, S. 8

[6] Vgl. Neil Postman: Die Verweigerung der Hörigkeit, Frankfurt 1988, S. 193: »Zu sagen, das Fernsehen präsentiere unterhaltsame Themen, ist bloß banal. Etwas ganz anderes ist es hingegen, wenn man sagt, daß im Fernsehen jedes Thema als unterhaltsam präsentiert wird. Und in eben diesem Sinne richtet das Fernsehen jedes vernünftige Verständnis für öffentliche Angelegenheiten zugrunde.« Vielleicht auch für Markenartikel?!

[7] Zitiert bei Neil Postman: Wir amüsieren uns zu Tode, S. 131

[8] Gerd Gerken beschwört einen »internationalen Mega-Trend zur Kinetik«; in: Bier Aktuell 4/1989, S. 10

[9] Das Zitat stammt aus: Christoph Asendorf, Batterien der Lebenskraft, Zur Geschichte der Dinge und ihrer Wahrnehmung im 19. Jahrhundert, Werkbund-Archiv Band 13, Gießen 1984. Auch die Hinweise auf Benjamin, Aristoteles und die verbindenden Gedanken verdanke ich dem Buch von Asendorf, insbesondere S. 47 ff.

[10] Walter Benjamin: Das Passagen-Werk, Frankfurt 1983, S. 161

[11] In: DIE ZEIT, 9. 1. 1987

[12] Erich Fromm: Haben oder Sein, München 1980, S. 142

[13] ebenda, S. 142 f.

[14] Rüdiger Szallies (GfK) auf dem Deutschen Marketing-Tag 1988 zum Thema »Wem vertraut der Verbraucher?«

[15] Vgl. Benjamin, a.a.O., S. 972

Quellennachweise

Der Schatten des Cato
In: w&v werben und verkaufen, 16/1978

Mehr Sprache wagen
In: Buchreport, 47/1981

»Wenn Ihr's nicht fühlt, Ihr werdet's nicht erjagen«
Vortrag anläßlich der HÖRZU-Präsentation »Leseklima«, 1982; leicht überarbeitete Fassung
in: MARKETING JOURNAL, 2/1990

Markentechnisches Unvermögen läßt sich mit Unkenntnis dieses Buches von Hans Domizlaff nun nicht mehr entschuldigen
Vorwort in Hans Domizlaff: Die Gewinnung des öffentlichen Vertrauens; ein Lehrbuch der Markentechnik.
Verlag MARKETING JOURNAL,
neu zusammengestellte Ausgabe, Hamburg 1982

Die Angst der Marke vor dem »Relaunch«
Vortrag BDW Congress 1983 in München; leicht bearbeitete Fassung in: MARKETING JOURNAL, 3/1984

Von der Würde der Ware
In: Horizont, 22/1984

Reklame
In: Buchreport, 40/1984

Um sich als Marke zu profilieren
In: MARKETING JOURNAL, 5/1985

Das Medium als symbolischer Marktplatz
In: Ausgewählt vom ADC Deutschland: Die besten Anzeigen aus 40 Jahren HÖRZU, Hamburg 1986

Das verramschte Symbol
In: Alexander Deichsel (Hrsg.): Die produktive Distanz; Beiträge zum Verhältnis von Masse und Elite.
Verlag MARKETING JOURNAL, Hamburg 1987

Global Marketing
In: A. Deichsel, R. Fechner (Hrsg.): Lokalkultur und Weltgesellschaft, Aspekte der Moderne.
Rolf Fechner Verlag, Hamburg 1987

Der Käufer ist unschuldig
Vortrag vor dem Ski-Forum 1987 in Salzburg; überarbeitete Fassung
in: w&v werben und verkaufen, 26 und 27/1987

Wandlungen des werbenden Sprechens
Vortrag beim ARD WerbeTreff 1988 in Nürnberg

Sprechen mit vollem Mund
Vortrag anläßlich des Bielefelder Treffs 1988 im Hause Dr. Oetker

Die Marken-Bilanz
In: Markenartikel, 7/1989

Die Marken-Bilanz im Kreuzverhör
In: Markenartikel, 5/1990

Die Marke zwischen Erfahrung und Erlebnis
In: Klaus Brandmeyer, Alexander Deichsel (Hrsg.): Der situative Mensch; der Mensch und seine Dinge in der Massengesellschaft.
Verlag MARKETING JOURNAL, Hamburg 1990

Schlagwortregister

N

O

P

Q

R